HORIZONTES DE CONTEMPLAÇÃO

GUSTAVO RIGUEIRA

HORIZONTES DE CONTEMPLAÇÃO

Meditações para o Evangelho do domingo

ANO B

PAULUS

Dados Internacionais de Catalogação na Publicação (CIP)
Angélica Ilacqua CRB-8/7057

Silva, Gustavo Rigueira
Horizontes de contemplação: meditações para o Evangelho do domingo: Ano B / Gustavo Rigueira Silva. – São Paulo: Paulus, 2020.

ISBN 978-65-5562-104-4

1. Ano litúrgico - Meditações 2. Homilia 3. Liturgia 4. Bíblia – Meditações 5. Poesia cristã I. Título

20-3504 CDD 242.3
CDU 242

Índice para catálogo sistemático:
1. Ano litúrgico - Meditações

Direção editorial: *Pe. Sílvio Ribas*
Coordenação de revisão: *Tiago José Risi Leme*
Preparação do original: *Caio Pereira*
Capa: *Elisa Zuigeber*
Imagem da capa: *iStock*
Diagramação: *Elisa Zuigeber*
Editoração, impressão e acabamento: PAULUS

1ª edição, 2020

Rua Francisco Cruz, 229 • 04117-091 – São Paulo (Brasil)
Tel.: (11) 5087-3700
paulus.com.br • editorial@paulus.com.br

ISBN 978-65-5562-104-4

APRESENTAÇÃO

Ao olhar para o horizonte, a vida percebe o seu destino ao infinito. Lá, onde a vista parece não mais alcançar, o coração sente-se desafiado a continuar contemplando, nesse limiar, a plenitude que se sente chamado a ser e na qual se eternizar. Temos em nós o desejo do eterno, daquilo que não passa, mas que permanece. Por isso, o infinito nos atrai, nos move e nos instiga.

Contemplar é a capacidade de deixar a alma abraçar o eterno, é aguçar os sentidos e orientar a razão para aquilo que, no silêncio do nosso interior, sintonizado com algo de exterior que nos remeta ao infinito, nos faça perceber que o mistério da vida encontra luzes naquilo que nos excede, nos transborda e, não obstante, nos envolve e preenche.

A obra *Horizontes de contemplação* deseja ser, entre tantos, mais um elo com o infinito, manifestado no Verbo Eterno feito carne, Jesus Cristo. Nas meditações, sensibilizadas pela arte poética, a Palavra de Deus e as palavras humanas encontram sintonia, e o infinito abraça nossa condição limitada.

Que as reflexões deste livro, quais horizontes de contemplação, levem o leitor a uma experiência do eterno, que a todo tempo nos circunda, nos orienta e nos convoca a ter, já aqui, uma existência plena e celestial, à medida que nos orientamos a ele, à vida que jamais há de passar.

Gustavo Rigueira

PREFÁCIO

Os Evangelhos não foram escritos com o intento de fazer uma narrativa dos fatos. Seria razoável que Jesus tivesse, entre seus seguidores, um repórter ou jornalista que o seguisse e anotasse, detalhe a detalhe, tudo o que o Mestre fazia e falava e, posteriormente, transmitisse a toda a humanidade, milimetricamente, o ensinamento do Cristo. Contudo, os escritores sagrados compuseram suas obras em um período posterior à pregação de Jesus e com outros intuitos, sem a precisão discursiva de um observador atento.

A intenção dos escritores sagrados também não é fazer teologia, embora esta esteja presente em cada verso da Sagrada Escritura. Isso implica que, embora criar um tratado teológico não seja exatamente a pretensão dos escritores, a teologia se dá naturalmente. É impossível falar de Deus ou da sua economia salvífica na história sem, de algum modo, fazer teologia. Em Jesus – nos escritos neotestamentários –, isso fica ainda mais evidente, visto que ele é a Palavra encarnada do Pai. Falar da Palavra é teologizar.

Os Evangelhos – e as Escrituras sagradas como um todo – também não foram escritos para serem obras poéticas. Mas também é inegável que há poesia na estrutura bíblica de fio a pavio. Quem ousa dizer que a narrativa da criação – na primeira página da Bíblia – ou a revelação apocalíptica de João – no livro que a encerra – não são obras verdadeiramente poéticas ou não contêm poesia?

Contudo, enfim, se não são narrativas teológicas ou poéticas, qual é o real objetivo de Mateus, Marcos, Lucas e João na escrita dos Evangelhos?

Os Evangelhos foram escritos para trazer uma mensagem que o próprio nome – Evangelho – sugere: uma Boa-nova. E essa notícia boa, ímpar e impecável que os Evangelhos nos trazem é a própria pessoa de Jesus, Deus feito homem, encarnado, vivo no meio de nós, morto por ser puro e ressuscitado por ser obediente em tudo ao Pai. Os Evangelhos são, como vemos, uma verdadeira profissão de fé em Cristo Jesus, que fez tudo para reatar a amizade de Deus com a humanidade, rompida por pecado e desamor. Ele salvou o mundo com sua obediência redentora, fez em tudo a vontade do Pai e abriu as portas da eternidade para que, em nossa simplicidade, pudéssemos contemplar a maior poesia já vista: o céu aberto e a ressurreição nossa que se antecipa na dele.

A união, proposta por Gustavo Rigueira, entre as duas realidades – Evangelho e poesia – não é nova nem novidadeira. Há Evangelho na poesia e há poesia no Evangelho. Essas duas dimensões são intrínsecas e inerentes. Contudo, na simplicidade própria de quem poetiza, o autor nos ajuda a ampliar os horizontes de nossa contemplação. Os textos do Evangelho ao lado da poesia, que do coração brota, nos aproximam da Poesia encarnada, do mais belo poema que desde sempre coexistiu no coração daquele Poeta que o gerou. No verso e na rima, o céu se torna o limite para quem deseja profundamente alçar voo e chegar mais perto do Poeta dos poetas.

O autor põe couraça poética à Boa-nova de Jesus e assim evangeliza, catequiza, poetiza e nos ajuda no caminho da contemplação e da santidade.

Se é verdadeiro o mote cunhado por Dostoiévski de que "a beleza salvará o mundo", Gustavo soube, categoricamente, unir a promessa salvadora da beleza poética com a salvação concreta, verdadeira e real trazida por Jesus e cunhada nos Evangelhos.

Pe. Diego Martins, SCJ

1º DOMINGO DO ADVENTO

Marcos 13,33-37

33 Fiquem atentos e vigiem! Porque vocês não sabem
quando será o momento. 34 Será como um homem que
partiu de viagem: deixou sua casa, deu autoridade para
seus servos, distribuiu a cada um sua responsabilidade,
e ordenou ao porteiro que vigiasse. 35 Portanto, estejam
vigilantes. Porque vocês não sabem quando o senhor da
casa vai voltar: à tarde, à meia-noite, ao canto do galo,
ou de manhã. 36 Que ele, vindo de repente, não os en-
contre dormindo. 37 O que digo a vocês, digo a todos:
Estejam vigilantes!

VIGIAR CONSCIENTE

Guarda-nos nas partidas e nas chegadas.
Assumistes nossa frágil condição,
Provastes da humanidade
E a inseristes em tua divindade.
Porque nos conheces mais do que todos, alerta-nos:
Sejam vigilantes!
Não fazes isto para nos causar medo,
mas para alimentar a nossa esperança.
Vigiar é estar consciente,
E quem está consciente,
Mesmo perdendo-se nas veredas da existência,
Ora ou outra encontra o reto caminho,
Porque está a vigiar,
Porque não dormiu diante dos acontecimentos
De sua história.
Quem vigia espera o amanhã não em passividade,
Mas espera com esperança,
Espera preparando-se para a aurora
Que a tudo dará cor e vida.
Árdua é a vigília, obscura e tenebrosa,
Mas alegre é o raiar do novo amanhã,
Cheio de vida e clareza.
Passadas as noites de nossa história,
Chegar-se-á o suave amanhecer,
Que a tudo dará luz
E, ao nosso nada, preencherá de sentido.
Bom Mestre, guarda-nos nos duros caminhos,
Não nos deixes dormir na existência,
Permite-nos esperar-te,
Pois não há outro caminho que nos dá sentido
Senão o do amar-te.

2º DOMINGO DO ADVENTO

Marcos 1,1-8

1Princípio do Evangelho de Jesus Cristo, Filho de
Deus.
2Conforme está escrito no profeta Isaías: “Eis que
envio o meu mensageiro à frente dele, para lhe preparar
o caminho. 3Uma voz grita no deserto: ‘Preparem o ca-
minho do Senhor, endireitem suas estradas’”.
4João Batista apareceu no deserto, pregando um ba-
tismo de arrependimento para o perdão dos pecados. 5E
iam até ele todos os da região da Judeia e todos os de Je-
rusalém, e eram batizados por ele no rio Jordão, confes-
sando os próprios pecados. 6João se vestia com pelos de
camelo, e se alimentava de gafanhotos e mel silvestre.
7Ele pregava: “Depois de mim, vem aquele que é mais
forte do que eu. E eu não sou digno de me abaixar para
desamarrar a correia de suas sandálias. 8Eu batizei vo-
cês com água, mas ele os batizará com Espírito Santo”.

ESPERANÇA NO DESERTO

Pavoroso deserto,
És lugar de sofrimento,
Da ausência de sentido
E de desfalecimento.
Nos desertos da vida
Tudo parece sem vida.
As benevolências tornam-se ilusões,
Miragens de uma caminhada sem fim.
Contudo, uma voz clama no deserto,
Um suspiro de esperança brota no árido coração,
Uma gota d'água molha os lábios ressequidos,
Um novo horizonte começa a se abrir.
A voz do profeta ecoa nos desertos de ontem e de hoje,
Convidando-nos a não desistir do caminhar.
As miragens tornar-se-ão realidade,
A água novamente refrescará nossos corpos,
A vida ressurgirá,
Pois o amor nascerá,
A justiça brotará
E a paz reinará,
No Cristo que veio, que vem e que virá,
Em cada coração que, nos desertos do existir,
Não deixou de sonhar.
O deserto sempre há de acabar
Na vida daquele que não deixou de sonhar
E no coração que não desistiu de amar.

3º DOMINGO DO ADVENTO

João 1,6-8.19-28

6Apareceu um homem enviado por Deus: seu nome
era João. 7Ele veio como testemunha, para dar testemu-
nho da luz, a fim de que todos acreditassem por meio
dele. 8Não era ele a luz, mas veio para testemunhar a
respeito da luz.

19O testemunho de João foi assim. Os judeus envia-
ram de Jerusalém sacerdotes e levitas para perguntarem
a João: "Quem é você?" Foi quando 20ele confessou e
não negou. E confessou: "Eu não sou o Cristo". 21E lhe
perguntaram: "Então, quem é você? Elias?" João disse:
"Não sou". E perguntaram: "Você é o Profeta?" Respon-
deu: "Não". 22Então lhe disseram: "Quem é você? Preci-
samos dar uma resposta para aqueles que nos enviaram.
O que diz sobre você mesmo?" 23João declarou: "Eu sou
uma voz gritando no deserto: 'Aplanem o caminho do
Senhor', como disse o profeta Isaías". 24Os que tinham
sido enviados eram da parte dos fariseus. 25E eles con-
tinuaram perguntando: "Então, por que você batiza, se
não é o Cristo, nem Elias, nem o Profeta?" 26João lhes
respondeu dizendo: "Eu batizo com água, mas no meio
de vocês está alguém que vocês não conhecem. 27Ele
vem depois de mim. E eu não sou digno de lhe desamar-
rar a correia das sandálias". 28Isso aconteceu em Betânia,
do outro lado do rio Jordão, onde João estava batizando.

O MENINO NASCERÁ

Causa de nossa alegria, enfim nascerás!
Quanto tempo não temos esperado por ti,
Ó Deus menino,
Que nos esclareças o caminho
A nos levar à bela campina a florir,
Preparada por ti, a cada um que é capaz de,
Ao outro, sorrir.
Contudo, não nos deixastes sós,
João clama nos nossos desertos:
Preparai vossos caminhos.
Preparai-vos, caso contrário,
Não reconhecereis o Cristo,
Que não é imperador,
Muito menos um dominador,
Mas, um Deus menino,
Que em cada pequeno vai se reluzindo.
O Menino novamente vai nascer,
Contudo, de fome pode morrer,
Na solidão e no abandono, desfalecer,
Visto que não aparecerá somente em nossos presépios,
Mas, ainda mais evidente,
Presentifica-se naqueles pequeninos
Que, como ele, nasceram sem ao menos
Um teto para os abrigar.
Preparai o caminho do Deus menino,
Assegurando que nenhum pequenino
Nasça sem amor e carinho.
O Menino sempre há de nascer
Nas vidas que lutam para que outras possam viver.

4º DOMINGO DO ADVENTO

Lucas 1,26-38

26No sexto mês, o anjo Gabriel foi enviado por Deus
a uma cidade da Galileia chamada Nazaré, 27a uma vir-
gem prometida em casamento a um homem chamado
José, da casa de Davi. E o nome da virgem era Maria.
28Entrando onde ela estava, o anjo lhe disse: "Alegre-
-se, cheia de graça: o Senhor está com você!" 29Ao ou-
vir isso, Maria ficou confusa e se perguntava o que esta
saudação queria dizer. 30O anjo lhe disse: "Não tenha
medo, Maria, porque você encontrou graça junto de
Deus. 31Eis que você ficará grávida e dará à luz um fi-
lho, e lhe dará o nome de Jesus. 32Ele será grande, será
chamado Filho do Altíssimo. E o Senhor Deus lhe dará
o trono de seu pai Davi. 33Ele reinará para sempre sobre
a casa de Jacó, e o seu reinado não terá fim". 34Maria
disse ao anjo: "Como acontecerá isso, se eu não vivo
com nenhum homem?" 35O anjo lhe respondeu: "O Es-
pírito Santo virá sobre você e o poder do Altíssimo a
cobrirá com sua sombra. Por isso, o Santo que nascer
será chamado Filho de Deus. 36Eis que sua parente Isa-
bel também concebeu um filho na sua velhice. E este é
o sexto mês daquela que era chamada estéril. 37Porque
para Deus nada é impossível". 38Então Maria disse: "Eis
a serva do Senhor. Faça-se em mim como você me dis-
se". E o anjo a deixou.

O SIM SIMPLES E DEFINITIVO

Deus decide tocar o nosso chão
Numa cena repleta de simplicidade.
Porém, a singeleza da encarnação
Não diminui a sua densidade.

Deus se fará menino,
Ao ser gerado no ventre de Maria.
Encarnado, vem para transformar
Nosso espírito contrito
Num existir cheio de sentido e alegria.

Maria, alegra-te e não tenhas o que temer,
O Ente que do teu ventre nascerá
Será a luz de um novo amanhecer
Que a toda a humanidade iluminará.

Oxalá acolhamos, como tu, a Jesus,
De coração inteiro, mesmo sem a esperada segurança.
Nesta aventura, nunca seríamos abandonados pela luz,
Pois nossa vida seria cheia de fé, amor e esperança.

NATAL DE NOSSO SENHOR JESUS CRISTO

João 1,1-18

[1]No princípio, existia a Palavra, e a Palavra estava
junto de Deus, e a Palavra era Deus. [2]No princípio, ela
estava junto de Deus. [3]Tudo foi feito por meio dela, e sem
ela nada foi feito. [4]O que estava nela era vida, e a vida
era a luz dos seres humanos. [5]Essa luz brilha nas trevas, e
as trevas não a venceram. [6]Apareceu um homem enviado
por Deus: seu nome era João. [7]Ele veio como testemunha,
para dar testemunho da luz, a fim de que todos acreditas-
sem por meio dele. [8]Não era ele a luz, mas veio para tes-
temunhar a respeito da luz. [9]Esta era a luz verdadeira que,
vindo ao mundo, ilumina todos os seres humanos. [10]Ela
estava no mundo, e o mundo foi feito por meio dela, mas
o mundo não a conheceu. [11]Ela veio para os que eram seus,
mas os seus não a receberam. [12]Ela, porém, deu o poder de
se tornarem filhos de Deus a todos aqueles que a recebe-
ram, isto é, àqueles que acreditam no nome dela; [13]pois ela
não nasceu do sangue, nem da vontade da carne, nem da
vontade de um homem, mas de Deus. [14]E a Palavra se fez
carne e armou sua tenda entre nós. E nós contemplamos
a sua glória, glória que ela tem como Filho único do Pai,
cheio de graça e verdade. [15]João dá testemunho dele e tem
levantado a voz, dizendo: "Este é aquele de quem eu falei:
'Aquele que veio depois de mim passou na minha frente,
porque existia antes de mim'". [16]Porque da sua plenitude
todos nós recebemos, e graça e mais graça. [17]Pois a Lei
foi dada por Moisés, mas a graça e a verdade vieram por
meio de Jesus Cristo. [18]Ninguém jamais viu a Deus; mas o
Filho único, que está junto do Pai, o revelou a nós.

UM NASCER CHEIO DE SENTIDO

Quem ousaria imaginar
Que num lugar distante e esquecido
Deus iria se manifestar
Para à vida trazer luz e sentido?

Mas assim é o Criador.
Não é o Deus poderoso, sol invicto,
E sim um Pai cheio de amor
Que ao mundo oferece seu ditoso Filho.

O nascimento de Jesus
É humilde, singelo,
Mas com um ensinamento que reluz:
A doação do amor é o verdadeiro elo.

Na pobreza, manifesta riqueza,
No abandono, o valor da união,
E o verdadeiro sentido da realeza,
No servir, vendo ao outro como irmão.

Menino Jesus, nascestes milênios atrás
E desejas para sempre nascer,
Em cada coração, orientando-o à paz
Manifestada no ser, muito mais que no ter.

FESTA DA SAGRADA FAMÍLIA

Lucas 2,22-40

[22]E quando se completaram os dias para a purifica-
ção deles, conforme a Lei de Moisés, levaram o menino
a Jerusalém, para apresentá-lo ao Senhor. [23]Tal como
está escrito na Lei do Senhor: “Todo primogênito do
sexo masculino será consagrado ao Senhor”. [24]E tam-
bém para oferecer em sacrifício um par de rolas ou dois
pombinhos, como diz a Lei do Senhor.

[25]E eis que havia em Jerusalém um homem cha-
mado Simeão. Esse homem justo e piedoso esperava
a consolação de Israel, e o Espírito Santo estava sobre
ele. [26]O Espírito Santo lhe havia revelado que ele não
morreria sem antes ver o Messias do Senhor. [27]Movido
pelo Espírito, ele foi ao templo. Quando os pais levaram
o menino Jesus para cumprir o costume da Lei a respei-
to dele, [28]Simeão tomou a criança nos braços, louvou a
Deus e disse: [29]“Agora, Senhor, podes deixar teu ser-
vo partir em paz, segundo a tua palavra. [30]Porque meus
olhos viram a tua salvação, [31]que preparaste diante de
todos os povos, [32]luz para iluminar as nações e glória de
teu povo Israel”.

[33]Seu pai e sua mãe estavam admirados com o que
diziam dele. [34]Simeão os abençoou e disse a Maria, mãe
do menino: “Eis que este menino será causa de queda e
reerguimento de muitos em Israel. Ele será um sinal de
contradição. [35]Quanto a você, uma espada vai atravessar
sua alma. E assim serão revelados os pensamentos de
muitos corações”.

[36]Havia também uma profetisa, Ana, filha de Fanuel, da tribo de Aser. Era já bastante idosa. Tinha casado e vivido com o marido por sete anos. [37]Depois ficou viúva, e assim chegou aos oitenta e quatro anos. Não se afastava do templo, servindo a Deus com jejuns e orações, noite e dia. [38]Ela chegou nessa mesma hora. Dava graças a Deus e falava do menino a todos os que esperavam a libertação de Jerusalém.

[39]Quando acabaram de cumprir todas as coisas segundo a Lei do Senhor, eles voltaram à Galileia, para sua cidade de Nazaré. [40]E o menino crescia e ficava forte, cheio de sabedoria. E a graça de Deus estava sobre ele.

O MODELO DA FAMÍLIA DE NAZARÉ

Cumprindo os preceitos judaicos,
Ao templo se dirige a família de Nazaré,
Sem rendas, honrarias e confortos,
Mas com um coração cheio de confiança e fé.

Profecias são feitas a respeito do Menino,
Maria há de sofrer, ao ver que Jesus
Não terá uma jornada fácil,
Mas será traspassado, para ao mundo dar luz.

A família em que Deus se encarnou
Não é imune a dores e dificuldades.
Sofre, como qualquer outra família,
Mas segue adiante, tendo a fé por estandarte.

Justamente porque o modelo de família
Não é a que não sofre e é bem-sucedida,
Mas a que nunca desiste
Dos propósitos que uniram suas vidas.

A família de Nazaré,
A família de toda gente,
É a prova de que o amor
Vence a dor, e dura eternamente.

SOLENIDADE DE SANTA MARIA, MÃE DE DEUS

Lucas 2,16-21

[16]Partiram depressa e encontraram Maria, José e o
menino deitado na manjedoura. [17]Ao ver o menino, con-
taram o que lhes tinha sido dito a respeito dele. [18]E todos
os que ouviam os pastores ficavam maravilhados com o
que eles contavam. [19]Maria, por sua vez, guardava todas
essas coisas, meditando-as em seu coração. [20]E os pas-
tores voltaram, glorificando e louvando a Deus por tudo
o que tinham ouvido e visto, como tinha sido dito a eles.
[21]Quando se completaram os oito dias para circun-
cidar o menino, deram-lhe o nome de Jesus, tal como
tinha sido chamado pelo anjo antes de ser concebido no
ventre materno.

O CORAÇÃO DE UMA MÃE

Ela tudo meditava
E guardava ao coração.
No silêncio, a promessa assegurava
E tudo ao Senhor elevava, em pura oração.

Acaso haveria lugar mais seguro
Para preservar as promessas do Senhor
Do que este coração tão puro,
Capaz de amar no silêncio e na dor?

Por isso, és Mãe de Deus,
Dentre a humanidade és a seta
Que orienta a todos
A ter o céu como grande meta.

Teu coração materno
Desde o nascimento de Jesus
Já prefigurava as nuances do Eterno
Que a toda gente conduz.

És a Mãe de Deus por seres quem és,
Dócil, generosa à vontade divina.
Colocas a vontade dele acima da tua,
Pois sabes que ele é a luz que ilumina.
E tu, mero instrumento que retine.

SOLENIDADE DA EPIFANIA DO SENHOR

Mateus 2,1-12

1Depois que Jesus nasceu em Belém da Judeia, no tem-
po do rei Herodes, eis que uns magos do Oriente chegaram
a Jerusalém, 2perguntando: “Onde está o recém-nascido rei
dos judeus? Porque avistamos sua estrela no Oriente e aqui
vimos para lhe prestar homenagem”. 3Ouvindo isso, o rei
Herodes ficou abalado, e Jerusalém toda com ele. 4Con-
vocou então todos os chefes dos sacerdotes e os doutores
do povo, e lhes perguntou onde o Messias deveria nascer.
5Eles lhe responderam: “Em Belém da Judeia. Pois assim
está escrito por meio do profeta: 6‘E você, Belém, terra de
Judá, não é de modo algum a menor entre as principais de
Judá. Porque de você sairá um líder, que apascentará meu
povo Israel’”. 7Então Herodes chamou em segredo os ma-
gos e investigou junto a eles sobre o tempo em que a estrela
tinha aparecido. 8Depois os enviou a Belém e disse: “Vão
e procurem obter informações exatas sobre o menino. E
me avisem quando o encontrarem, para que eu também vá
prestar-lhe homenagem”. 9Eles ouviram o rei e partiram.
Eis que a estrela que tinham visto no Oriente ia à frente
deles, até que chegou e parou sobre o lugar onde estava o
menino. 10Vendo novamente a estrela, ficaram repletos de
extraordinária alegria. 11Ao entrarem na casa, viram o me-
nino com Maria, sua mãe, e se ajoelharam diante dele em
homenagem. Abriram então seus cofres e lhe ofereceram
presentes: ouro, incenso e mirra. 12Depois disso, foram avi-
sados em sonho para não retornarem a Herodes, de modo
que voltaram para sua região por outro caminho.

A EPIFANIA DO SERVIR

Quem está atrelado ao poder,
Aos interesses individuais acima dos coletivos,
Não é capaz de perceber
A divindade presente no Menino pobre e desprovido.

Deus se manifesta, acontece a epifania,
Porém não com riquezas
Ou qualquer tipo de honraria.
Ele se revela em meio à pobreza,
Pois é no coração, e não nos bens,
Que a verdadeira riqueza irradia.

Contudo, tal epifania perturba os poderosos.
Quem muito tem e não é capaz de um pouco ceder
Vê num frágil menino uma ameaça ao trono,
E não a esperança de um novo amanhecer.

Não só Herodes deseja a morte do Menino,
Mas todos aqueles que estão despreocupados em servir
Preferem a morte de Deus a perder seu senhorio.
Deus se manifesta,
Mas pode ser apenas um sonho a sucumbir
Se, no coração de quem crê,
Sua voz não encontrar espaços para agir.

FESTA DO BATISMO DO SENHOR

Marcos 1,7-11

7Ele [João] pregava: “Depois de mim, vem aquele
que é mais forte do que eu. E eu não sou digno de me
abaixar para desamarrar a correia de suas sandálias. 8Eu
batizei vocês com água, mas ele os batizará com Espí-
rito Santo”.

9Nesses dias, Jesus chegou de Nazaré da Galileia
e foi batizado por João no Jordão. 10Enquanto subia da
água, viu os céus se rasgando e o Espírito descendo so-
bre ele como pomba. 11E uma voz veio do céu: “Tu és o
meu Filho amado. Em ti eu me agrado”.

OS SINAIS DO BATISMO

Entre a encarnação e a cruz, há o batismo.
O Filho amado, antes de sua missão iniciar,
Inclina-se diante de João, o profeta do deserto,
Para nas águas do Jordão se batizar.

Cristo tem uma missão:
A imagem de Deus, em nós, restaurar.
A água é símbolo, sacramento da vida que se revitaliza,
Mas é na missão de Jesus que ela vem se concretizar
Nas ações de serviço e de amor, de paz e de justiça.

Este é meu Filho amado, diz o Pai cheio de amor.
Escutar o Filho é seguir os seus passos,
É assumir o mesmo batismo
E, no coração de Deus, ser um só compasso.

Seguir pelas águas do batismo
É caminhar rumo à verdadeira vida.
A cruz, com toda certeza, será uma ponte neste abismo
Que nos levará do inverno às pastagens verdes e floridas.

A vida pública de Jesus, inaugurada nas águas do Jordão,
É o ritmo perfeito para um coração
Verdadeiramente humano
Que percebe que de nada vale uma oração
Se não trouxer a luz do sagrado, com a vida,
A este chão profano.

2º DOMINGO DO TEMPO COMUM

João 1,35-42

35No dia seguinte, João estava lá de novo, com dois
de seus discípulos. 36Ao ver Jesus, que ia passando, dis-
se: “Eis o Cordeiro de Deus”. 37Os dois discípulos o ou-
viram falando assim e seguiram a Jesus. 38Então Jesus
voltou-se para trás e, vendo que o seguiam, lhes disse:
“O que vocês estão procurando?” Disseram: “Rabi (que
quer dizer Mestre), onde vives?” 39Jesus lhes respondeu:
“Venham, e vocês verão”. Então foram e viram onde
Jesus vivia. E ficaram com ele nesse dia. Era por volta
da décima hora. 40André, irmão de Simão Pedro, era um
dos dois que ouviram as palavras de João e seguiram a
Jesus. 41Ele logo encontrou seu irmão Simão e lhe disse:
“Nós encontramos o Messias” (que quer dizer Cristo).
42Então André conduziu Simão a Jesus. E Jesus o viu e
disse: “Você é Simão, filho de João, e será chamado de
Cefas” (que quer dizer Pedro).

A DINÂMICA DO DISCIPULADO

No convívio, o discipulado se perfaz,
É um laço de amizade que se cria
Nos desafios cotidianos que a vida traz.
Conviver com Jesus é aprender o seu jeito de viver,
Escutando-o e imitando-o,
Deixando a sua essência, em nós, florescer.

"Vinde ver onde moro"
É o convite do Senhor a todo aquele
Que não se fixa ao passageiro e ilusório,
E não quer passar o resto de seus dias
Contentando-se com um existir simplório.

"Mestre, onde vives?"
É a pergunta de um coração inquieto.
Onde vives para que possas viver em mim
E tenhas o meu coração também por teto?
Aceitar o convite e constantemente se perguntar
É a dinâmica do discípulo de Jesus
Que em outro Cristo deseja se transformar,
Em cada gesto de serviço e amor que do seu ser reluz.

3º DOMINGO DO TEMPO COMUM

Marcos 1,14-20

14 Depois que João foi preso, Jesus se dirigiu para
a Galileia, pregando o Evangelho de Deus. 15 Ele dizia:
"O tempo se cumpriu, e o Reino de Deus está perto.
Arrependam-se e acreditem no Evangelho".
16 Enquanto caminhava à beira do mar da Galileia,
Jesus viu Simão e André, o irmão de Simão. Eles esta-
vam lançando a rede ao mar, porque eram pescadores.
17 Jesus lhes disse: "Venham após mim, e farei de vocês
pescadores de gente". 18 E, deixando as redes, eles ime-
diatamente o seguiram. 19 Caminhando um pouco mais,
viu Tiago, filho de Zebedeu, e seu irmão João, que tam-
bém estavam no barco, consertando as redes. 20 Jesus
logo os chamou. E eles, abandonando o pai Zebedeu no
barco com os empregados, foram atrás de Jesus.

AS OPORTUNIDADES DO EXISTIR

Viver é um emaranhado de possibilidades,
Um tempo muito curto para tantas oportunidades.
A vida se perfaz nas escolhas,
E as escolhas delineiam nossas verdades.
Em meio às possibilidades do existir,
Há um convite ousado e diferente;
Quem o faz é o próprio Cristo,
Querendo fazer do homem um pescador de gente.
Não para atrair muitos a si,
Tendo em vista o empoderamento e a dominação,
Mas atrair para servir,
Tendo a justiça como diário pão.
A vida se engradece quando é perdida.
O sacrifício abraça a existência ao eterno.
É no servir e na doação
Que viver se torna algo belo e terno.
Na liberdade, ele sempre há de nos chamar,
Para que, diante de tantas oportunidades,
Por ele nos deixemos guiar
E levemos a outros esta eterna novidade.
Ser pescador de gente
É a melhor oportunidade
De um existir de quem entende
Que a vida é feita para a eternidade.

4º DOMINGO DO TEMPO COMUM

Marcos 1,21-28

21 Entraram em Cafarnaum. E, logo no sábado, tendo
ido à sinagoga, aí Jesus ensinava. 22 E se maravilhavam
com seu ensinamento, porque os ensinava como quem
tem autoridade, e não como os doutores da Lei.

23 Achava-se na sinagoga deles um homem com um
espírito impuro, que gritou: 24 "O que queres de nós, Je-
sus de Nazaré? Vieste nos destruir? Eu sei quem tu és:
o Santo de Deus". 25 Jesus o repreendeu, dizendo: "Cale-
-se, e saia dele". 26 Então o espírito impuro saiu dele,
sacudindo-o violentamente e soltando um grande grito.
27 E todos se admiraram, a ponto de perguntarem uns aos
outros: "O que é isso? Um ensinamento novo, dado com
autoridade! Ele dá ordem até aos espíritos impuros, e
eles lhe obedecem!" 28 E logo sua fama se espalhou por
todas as partes, em toda a Galileia.

A PEDAGOGIA DE JESUS

Nos arredores de Cafarnaum,
Em regiões desérticas de geografia e de coração,
Aparece um homem, a princípio como qualquer um,
Mas que consigo traz uma nova lição.

Ele não tem apenas um conteúdo novo,
Mas suas palavras têm autoridade.
Clareia a visão de todo um povo
Acostumado a viver na conformidade.

A autoridade de Jesus não é impositiva,
Contra o mal ela há de lutar,
A fim de extinguir o espírito que domina,
Impedindo de, ao diferente, servir e amar.

Ele ensina aquilo que vive
E vive aquilo que ensina.
É na sua coerência de um ser livre
Que sua voz a todos preenche e ilumina.

Esta é a pedagogia de Jesus,
Que não impõe uma uniformidade,
Mas reconhece, de cada um, a sua cruz,
E oferece, a todos, o caminho de paz e liberdade.

5º DOMINGO DO TEMPO COMUM

Marcos 1,29-39

29 E logo, saindo da sinagoga, Jesus foi à casa de Si-
mão e André, com Tiago e João. 30 A sogra de Simão es-
tava de cama, com febre. Eles logo contaram a Jesus so-
bre ela. 31 Então Jesus se aproximou dela, tomou-a pela
mão e a fez levantar-se. A febre a deixou, e ela começou
a servi-los.

32 Ao cair da tarde, quando o sol se pôs, levavam
a Jesus todos os que estavam doentes e os endemoni-
nhados. 33 A cidade inteira estava reunida na frente da
porta. 34 E ele curou muitos doentes de várias doenças e
expulsou muitos demônios. Mas Jesus não permitia que
os demônios falassem, porque eles sabiam quem ele era.

35 E tendo-se levantado de madrugada, quando ain-
da estava escuro, Jesus saiu e foi a um lugar deserto, e
aí rezava. 36 Simão e seus companheiros o procuraram
ansiosos e, 37 quando o encontraram, disseram-lhe: "To-
dos te procuram". 38 Jesus lhes disse: "Vamos a outros
lugares, às aldeias da vizinhança, para que eu pregue
também lá. Porque foi para isso que eu saí". 39 E foi pre-
gando nas sinagogas deles por toda a Galileia, e expul-
sando os demônios.

UMA PERFEITA COMBINAÇÃO

Se fossem apenas palavras,
Seria uma mera utopia,
Um conteúdo destinado ao nada,
Como qualquer outra ideologia.

Se fossem só atitudes,
Seria um mero ativismo,
Tendo o orgulho por falsa virtude,
E, por Deus, o próprio egoísmo.

Mas ele mescla as duas realidades,
É união perfeita e revolucionária:
Traz ao agora a eternidade
Com sua vida extraordinária.

Na ação e na oração,
Nas palavras e nas ideias,
Ele sempre revela a compaixão
Como verdadeira meta.

Quem pelo outro se compadece
E lhe estende a mão,
Eleva a Deus a verdadeira prece
E, ao céu, há de elevar seu coração.

6º DOMINGO DO TEMPO COMUM

Marcos 1,40-45

40 Um leproso aproximou-se de Jesus, suplicando de
joelhos: “Se queres, tens o poder de me purificar”. 41 Ira-
do, Jesus estendeu a mão, tocou nele e disse: “Eu que-
ro. Fique purificado”. 42 Imediatamente a lepra o deixou,
e ele ficou purificado. 43 E, ameaçando-o severamente,
Jesus logo o mandou embora, 44 dizendo-lhe: “Não con-
te nada para ninguém. Mas vá mostrar-se ao sacerdote
e ofereça pela sua purificação o que Moisés ordenou,
como prova para eles”. 45 Ele, porém, tendo saído daí,
começou a proclamar com insistência e a divulgar a no-
tícia, tanto que Jesus não podia mais entrar publicamen-
te numa cidade. Ele ficava fora, em lugares desertos, e
vinham a ele pessoas de todas as partes.

LEPRAS DO EXISTIR

Um toque que humaniza,
Que reintegra e realiza.
Nada retira de nós o que somos;
Nossos conceitos é que são enfadonhos.
O comum de nossas vidas
É mais claro que nossas intrigas.
O amor que por nós tem o Senhor
Deveria nos unir, qual fogo e calor.
A lepra da carne é algo vão,
Comparada àquela que temos no coração,
Que nos afasta e cega do outro,
Qual barco buscando terra em mar revolto.
Toca mais uma vez, Jesus,
Olha-nos com o brilho que de ti reluz.
Extirpa mais uma vez
As letras da insensatez.
Purifica aquelas feridas
Causadas por tantas intrigas.
Que, unidos ao teu abraço,
Possamos dar o passo:
Da divisão à união,
Do silêncio à canção,
Da doença à superação,
Do inverno ao verão.
Que nunca passem desapercebidas
E sempre se examinem:
A lepra do oprimido
E a lepra de quem oprime.

7º DOMINGO DO TEMPO COMUM

Marcos 2,1-12

1Depois de alguns dias, tendo entrado de novo em
Cafarnaum, espalhou-se a notícia de que Jesus estava
em casa. 2E juntaram-se tantas pessoas que não havia
espaço nem na frente da porta. E Jesus lhes anunciava
a Palavra. 3Levaram então um paralítico, carregado por
quatro homens. 4Como não conseguiam aproximar-se
de Jesus por causa da multidão, descobriram o telhado
em cima do lugar onde ele estava. Fizeram um buraco
e por ele baixaram a maca em que o paralítico estava
deitado. 5Vendo a fé que eles tinham, Jesus disse ao
paralítico: “Filho, seus pecados estão perdoados”. 6Mas
estavam aí sentados alguns dos doutores da Lei. Eles
pensavam em seus corações: 7“Por que esse homem
fala assim? Está blasfemando! Quem pode perdoar pe-
cados, senão Deus?” 8Jesus, percebendo logo em seu
espírito que eles assim refletiam entre si, disse-lhes:
“Por que vocês pensam essas coisas em seus corações?
9O que é mais fácil? Dizer ao paralítico: ‘Seus peca-
dos estão perdoados’, ou dizer: ‘Levante-se, pegue sua
maca e ande’? 10Ora, para que vocês saibam que o Filho
do Homem tem autoridade para perdoar pecados sobre
a terra, 11eu lhe digo: – falou ao paralítico – levante-
-se, pegue sua maca e vá para casa”. 12Ele se levantou,
imediatamente pegou o leito e saiu diante de todos. E
ficaram todos admirados e glorificavam a Deus, dizen-
do: “Nunca vimos coisa assim!”

A MISERICÓRDIA COMO ESSÊNCIA

Num contexto diferente,
Em que doença era vista como maldição,
Jesus se encarna como gente
E oferece uma nova lição.

Realiza curas e milagres,
Mas não é esta a beleza de sua ação.
Tudo isso seria exterioridade
Se o ensinamento não brotasse do coração.

Jesus é o único que perdoa os pecados;
Ele, sendo Deus, nos confia essa missão.
À sua semelhança fomos criados
Para, ao outro, sempre acolher como um irmão.

A misericórdia é a pura essência
Que envolve cada gesto de Jesus,
Que nunca teve como meta uma aparência,
Mas tocar o coração, com sua vida que reluz.

Misericórdia é perdoar e acolher,
É não alimentar demais uma dor
E deixá-la para sempre corroer,
Mas saber transformá-la em amor
Para o bem e a paz sempre enaltecer.

8º DOMINGO DO TEMPO COMUM

Marcos 2,18-22

18Os discípulos de João e os fariseus estavam je-
juando. Então foram e disseram a Jesus: "Por que os
discípulos de João e os discípulos dos fariseus jejuam,
mas os teus discípulos não jejuam?" 19Jesus respondeu:
"Por acaso os amigos do noivo podem jejuar enquanto o
noivo está com eles? Durante o tempo em que tiverem o
noivo com eles, não podem jejuar. 20Mas virão dias em
que o noivo será tirado do meio deles. Nesse dia, então,
eles farão jejum. 21Ninguém remenda roupa velha com
pedaço de pano novo, porque o remendo novo repuxa o
tecido velho, e o rasgo fica maior. 22Ninguém põe vinho
novo em vasilhas de couro velhas, senão o vinho vai
romper as vasilhas, e tanto o vinho como as vasilhas se
perderão. Ao contrário, vinho novo em vasilhas novas!"

VINHO NOVO EM VASILHAS NOVAS

Tendemos ao repouso se estamos nessa condição,
Porém, se estamos em movimento,
O repouso não será o desejo de uma ação
Que vê nele mesmo um mero tormento.

A física mostra uma realidade
Em que o que está além dela pode ser percebido:
Mover-se para a eternidade
Não combina com um coração estático e enrijecido.

Quem está acostumado com o de sempre
Não percebe as novidades do existir,
Ao novo se faz um ausente
E pelos mesmos caminhos dirige o seu porvir.

A eternidade supõe o movimento,
Destruição e reconstrução,
É para todo aquele que está atento
À Boa-nova, que é liberdade e revolução.

Acolher o novo de Jesus
É saber que o amor nos transforma,
E por caminhos sempre novos nos conduz
Até ao céu, onde o infinito nos contorna.

9º DOMINGO DO TEMPO COMUM

Marcos 2,23-28

23 E aconteceu que Jesus, num sábado, passava pe-
las plantações. Seus discípulos começaram a abrir ca-
minho, arrancando as espigas. 24 Então os fariseus lhe
disseram: "Vê! Por que eles fazem no sábado o que não
é permitido?" Jesus lhes respondeu: 25 "Vocês nunca le-
ram o que fez Davi, quando estava necessitado e sen-
tiu fome, ele e seus companheiros? 26 E como entrou na
casa de Deus, no tempo do sumo sacerdote Abiatar, e
comeu os pães oferecidos a Deus, que só os sacerdotes
podem comer, e ainda os deu aos companheiros?" 27 E
lhes dizia: "O sábado foi feito por causa do homem, e
não o homem por causa do sábado. 28 Portanto, o Filho
do Homem é senhor até do sábado".

A LEI HUMANIZADA

De que vale a lei
Se ela não serve à vida,
Ao contrário, subjuga-a,
Tornando-a sempre mais sofrida?
A lei é serviço ao homem,
É garantia de vida a todos,
Não é uma deusa absoluta
Que se nutre de todos os nossos esforços.
Acima da lei está a Pessoa,
Não aquela que vagueia sem saber aonde ir,
Mas aquela consciente de si,
Sonhadora de vidas a sorrir.
A lei que é pensada com um coração
Não rouba, não mata e não destrói;
Tal lei é de Deus uma canção
Que harmoniza aquilo que o pecado corrói.
Humanizar as leis da sociedade,
Aplicá-las com justiça e equidade,
É o caminho para que a vida plenamente aconteça
E que a nenhum poderoso favoreça.
Na lei humanizada, Deus se faz presente,
Na lei por Deus iluminada, o homem vive contente.

10º DOMINGO DO TEMPO COMUM

Marcos 3,20-35

[20]Jesus foi para casa. E de novo a multidão se aglo-
merou, de modo que eles não conseguiam nem comer.
[21]Quando souberam disso, os parentes de Jesus foram
detê-lo, porque diziam: "Ele ficou louco!"

[22]Os doutores da Lei, que tinham descido de Je-
rusalém, diziam: "Ele está possuído por Beelzebu". E
ainda: "É pelo poder do chefe dos demônios que ele
expulsa os demônios". [23]Então Jesus os chamou para
junto de si e lhes falou em parábolas: "Como pode
Satanás expulsar Satanás? [24]Se um reino se dividir
contra si mesmo, esse reino não conseguirá manter-
-se. [25]E se uma casa se dividir contra si mesma, essa
casa não poderá manter-se. [26]Ora, se Satanás se le-
vantou contra si mesmo e se dividiu, não consegue se
manter, mas vai se acabar. [27]Ninguém consegue entrar
na casa de um homem forte e roubar seus bens sem
antes ter amarrado o homem forte. Aí então poderá
roubar a casa. [28]Eu garanto a vocês: tudo será perdoa-
do aos filhos dos homens, os pecados e as blasfêmias
que tiverem dito. [29]No entanto, quem blasfemar contra
o Espírito Santo jamais tem perdão, mas é culpado de
pecado para sempre". [30]Porque diziam: "Ele tem um
espírito impuro".

[31]Chegaram então a mãe e os irmãos de Jesus. Fi-
caram do lado de fora e mandaram chamá-lo. [32]Muita
gente estava sentada em volta de Jesus, e lhe disseram:
"Olha, tua mãe, teus irmãos e tuas irmãs te procuram

lá fora". [33]Ele lhes respondeu: "Quem é minha mãe e
meus irmãos?" [34]E olhando em volta para os que esta-
vam sentados ao seu redor, Jesus disse: "Eis minha mãe
e meus irmãos. [35]Pois quem fizer a vontade de Deus,
esse é meu irmão, minha irmã e minha mãe".

O PECADO CONTRA O PERDÃO

Existe algo mais forte que nossos pecados,
Que reconstrói nossa humanidade
E extirpa os nossos fardos:
É a misericórdia do Deus bondade.
Conhecedor de nossas fraquezas,
O Senhor nos dá sempre seu perdão,
Para que nunca nos fira na cabeça
O pecado, serpente que rasteja pelo chão.
Contudo, na liberdade que ele nos deu,
Podemos negar o seu perdão.
Negando, damos a vitória ao mal
Que, disfarçado, sempre quer tomar nosso coração.
Não há como ser perdoado
Se o perdão foi negado.
Não há como amar a Deus
Se seu amor misericordioso foi posto de lado.
O Senhor, sempre paciente, nos convida
A seguir os passos por ele traçados,
Fazendo parte de sua família,
Da qual nunca seremos apartados.
No amor, passamos a fazer parte da família de Deus,
Na fé, entendemos e imitamos este Divino Coração
Que se fez humano entre os seus,
Para nos fazer herdeiros da celeste mansão.

11º DOMINGO DO TEMPO COMUM

Marcos 4,26-34

26E dizia: "Assim é o Reino de Deus: como se um
homem tivesse lançado a semente na terra, 27dormisse
e acordasse, noite e dia, e a semente germinasse e cres-
cesse, sem que ele soubesse como. 28A terra dá fruto por
si mesma: primeiro o caule, depois a espiga, e por fim a
espiga cheia de grãos. 29E quando o fruto está no ponto,
logo se passa a foice, porque a colheita chegou".

30E Jesus dizia: "Com que podemos comparar o Rei-
no de Deus? Com que parábola podemos explicá-lo? 31É
como um grão de mostarda que, quando é semeado na
terra, é a menor de todas as sementes da terra. 32Depois
de semeado, porém, ele cresce e se torna a maior de to-
das as hortaliças. Dá grandes ramos, a tal ponto que as
aves do céu se abrigam à sombra dela".

33E Jesus lhes anunciava a Palavra com muitas pa-
rábolas como essas, conforme podiam entender. 34Não
lhes falava nada, a não ser com parábolas. Mas, em par-
ticular, explicava tudo a seus discípulos.

AS SEMENTES DE UM REINADO

O essencial é sempre invisível,
O amor é próprio de quem vê o interior.
A facilidade do palpável
É ligeira prevenção da dor.
O Reino começa no escondido,
Qual semente engolida pela terra;
É ato livre e desinibido
De quem não se orienta pela fugacidade externa.
No interior do coração, ele é plantado,
Nas montanhas do nosso ser,
Sob o Sol Invicto, é regado,
Lentamente passa a crescer,
Até se tornar dos pássaros o lar tão desejado.
Da pequenina semente
À grandeza da árvore exuberante,
Está a voz do Deus amor
Sempre presente, e com voz insistente,
Afirmando de tudo cuidar com fervor.
No irromper de seu reinado
Está a vida, na mais linda primavera, a florescer
Com as mais belas cores de seu Amado,
Que dela cuida com todo o seu ser.

12º DOMINGO DO TEMPO COMUM

Marcos 4,35-41

35Nesse dia, ao cair a tarde, Jesus lhes disse: "Va-
mos passar para a outra margem do lago". 36Deixando
a multidão, eles o levaram consigo na barca, do modo
como estava. E havia outras barcas com ele. 37Levantou-
-se então uma grande tempestade de vento. As ondas se
jogavam para dentro da barca, que estava a ponto de
afundar. 38Jesus estava na parte de trás da barca, dor-
mindo sobre o travesseiro. Eles o acordaram e lhe disse-
ram: "Mestre, não te importas que morramos?" 39Jesus
acordou, ameaçou o vento e disse ao mar: "Silêncio!
Quieto!" Então o vento parou, e houve grande calmaria.
40Jesus lhes disse: "Por que vocês são medrosos? Ainda
não têm fé?" 41Eles ficaram com muito medo, e diziam
uns aos outros: "Mas quem é este, a quem até o vento e
o mar obedecem?"

A SÓLIDA SEGURANÇA

Deixar a multidão e atravessar a margem,
Correr os riscos de uma tempestade,
O que parece ser um fracasso
É, na verdade, o sinal da fé, verdadeira coragem.

Na noite, em alto-mar,
A tempestade vem.
Não há multidões e gente a te gloriar,
E o Senhor, ali, está a sonhar.

Contudo, a fé é isso.
Não é o resultado do aplauso,
Da multidão e do agrado,
Mas da confiança, mesmo no colapso.

É não desistir, mesmo só,
É continuar, mesmo sem forças,
É ao Senhor recorrer, mesmo sem crer,
É acreditar, pois nisso não se tem o que perder.

Lançar-se à fé é uma aventura difícil,
Exige renúncia e sacrifício,
Mas quem faz essa experiência
Alcança o maior e mais belo benefício:
Nas incertezas, vê a consistência,
Nos abalos, uma segurança,
No terror, a paz e a bonança,
No desespero, a sólida esperança.

Não tenham medo, diz o Senhor,
A tempestade há de passar.
O fim jamais será a dor.
No meu amor eu hei de te abraçar.

13º DOMINGO DO TEMPO COMUM

Marcos 5,21-43

21Jesus passou novamente de barca para o ou-
tro lado, e grande multidão se reuniu em torno dele
à beira-mar. 22Chegou então um dos chefes da sina-
goga, chamado Jairo. Ao ver Jesus, caiu a seus pés,
23suplicando sem parar: "Minha filhinha está morren-
do. Vem e põe as mãos sobre ela, para que seja salva
e viva". 24Jesus foi com ele. E grande multidão o seguia,
apertando-o de todos os lados.

25Ora, havia uma mulher que sofria de hemorragia
há doze anos. 26Ela tinha sofrido muito nas mãos de
vários médicos, tendo gasto tudo o que possuía. Mas,
ao invés de melhorar, estava cada vez pior. 27Tendo
ouvido falar de Jesus, ela foi por trás, em meio à mul-
tidão, e tocou na veste dele. 28Porque dizia: "Se eu
apenas tocar nas vestes dele, ficarei curada". 29Imedia-
tamente a hemorragia parou, e ela sentiu no corpo que
estava curada da doença. 30Logo que Jesus percebeu a
força que tinha saído dele, voltou-se no meio da mul-
tidão e disse: "Quem tocou nas minhas vestes?" 31Os
discípulos lhe disseram: "Estás vendo a multidão que
te aperta, e perguntas: 'Quem tocou em mim?'" 32Je-
sus olhava em volta, para ver aquela que tinha feito
isso. 33Então a mulher, com medo e tremendo, perce-
bendo o que lhe havia acontecido, foi e caiu aos pés de
Jesus, e lhe contou toda a verdade. 34Então Jesus lhe
disse: "Filha, a sua fé salvou você. Vá em paz e fique
curada de sua doença".

[35]Ainda estava falando, quando chegaram alguns da
casa do chefe da sinagoga, dizendo: “Sua filha morreu.
Por que você ainda incomoda o Mestre?” [36]Mas Jesus,
tendo ouvido o que falaram, disse ao chefe da sinagoga:
“Não tenha medo. Apenas creia”. [37]E não deixou nin-
guém acompanhá-lo, a não ser Pedro, Tiago e João, o
irmão de Tiago. [38]Quando chegaram à casa do chefe da
sinagoga, Jesus viu um alvoroço: gente chorando e se
lamentando muito. [39]Entrando, ele lhes disse: “Por que
esse alvoroço e essa choradeira? A criança não morreu.
Está dormindo”. [40]E caçoavam dele. Mas Jesus fez com
que todos saíssem. Tomou consigo o pai da criança, a
mãe e os que estavam com ele, e entrou onde se encon-
trava a criança. [41]E, pegando a mão da criança, lhe dis-
se: “Talítha kum”, que traduzido significa: “Menina, eu
lhe digo, levante-se”. [42]Imediatamente a menina se le-
vantou e caminhava, pois já tinha doze anos. E ficaram
assombrados de grande espanto. [43]Então Jesus ordenou
expressamente que ninguém soubesse disso. E mandou
dar de comer para a menina.

A CURA DO SER

Um outro qualquer serias
Se saísses por aí curando a qualquer um,
À custa de um prestígio ou reconhecimento,
E não para nos deixar um ensinamento.

Muitos hoje, por te verem rasamente,
Se aproveitam de tua história,
Para iludir o pobre inocente
Que a ti tem como única vitória.

Quem isso faz só te viu pelos atos,
Jamais te viu pelo coração,
E, dos seus próprios atos, realiza outros malvados,
Deturpando o amor, a tua mais nobre canção.

Mandaste a menina se levantar,
Mas quem deve renascer somos nós.
De nada adianta nos curar
Se nosso coração permanecer frio e feroz.

A cura verdadeira é a do interior,
Que deseja diferentemente renascer,
Não para livrar-se do desconforto e da dor,
Muito menos para ter uma vida só de prazer,
Mas reconhecer que, no sacrifício do amor,
A vida encontra seu pleno sentido de ser.

14º DOMINGO DO TEMPO COMUM

Marcos 6,1-6

[1]Saindo daí, Jesus foi para sua terra, e seus discí-
pulos o seguiram. [2]Quando chegou o sábado, começou
a ensinar na sinagoga. Muitos ouvintes ficavam admi-
rados, dizendo: “De onde lhe vem tudo isso? E que sa-
bedoria é essa que lhe foi dada? E esses milagres reali-
zados por suas mãos? [3]Este não é o carpinteiro, o filho
de Maria e irmão de Tiago, José, Judas e Simão? E suas
irmãs não vivem aqui entre nós?” E se escandalizavam
por causa dele. [4]E Jesus lhes dizia: “Um profeta só é
desprezado em sua terra, entre seus parentes, e em sua
casa”. [5]E não conseguia fazer aí nenhum milagre. Curou
apenas alguns doentes, impondo as mãos sobre eles.
[6]E admirava-se da falta de fé que eles tinham.

A ETERNA SURPRESA DO EXISTIR

Há quem ouse dizer conhecer alguém,
Devido aos anos que conviveram,
Ao amor que os uniu
Ou à empatia que os atraiu.
Acaso não seria o humano uma eterna surpresa?
Um emaranhado de possibilidades e oportunidades,
Um conjunto de sentimentos e pensamentos,
E um infinito algoritmo formado pelo amor divino?
O Amor que nos criou
De certa forma está em nós.
Tal amor é uma eterna surpresa,
Quais os tons de uma afinadíssima voz.
Conhecemos, mas não plenamente.
Entendemos, mas como se estivéssemos sob um véu.
Se ao contrário fosse,
Ao dizer conhecer, tomaríamos domínio,
Abarcaríamos o outro com nossas palavras precoces,
Reduzindo o amor a relações de posses.
Oxalá o outro seja uma eterna surpresa,
E a vida, uma eterna novidade,
Em que o Deus infinito e próximo sempre
Esteja à nossa mesa,
E o viver seja sempre o mistério
de um existir em liberdade.

15º DOMINGO DO TEMPO COMUM

Marcos 6,7-13

7Então chamou os Doze e começou a enviá-los dois a dois. E deu-lhes autoridade sobre os espíritos impuros. 8Ordenou que não levassem nada pelo caminho, a não ser um bastão apenas; nem pão, nem sacola, nem dinheiro no cinto; 9que calçassem sandálias, mas não vestissem duas túnicas. 10Jesus lhes dizia: "Seja qual for a casa onde vocês entrarem, fiquem nela até partir do lugar. 11E se em algum lugar não receberem nem escutarem vocês, saiam daí sacudindo o pó dos pés, como testemunho contra eles". 12E eles, partindo, pregavam para que mudassem de vida. 13Expulsavam muitos demônios, e ungiam muitos doentes com óleo, e os curavam.

UM REINO A ANUNCIAR

Sem outro interesse, a não ser o Reino,
Nos envias a anunciar,
Para que nada que não seja o teu amor
Possamos ao mundo propagar.
Nas estradas do existir
E com os pés no chão que nos dás,
Semeamos um amor a florir
E a verdade que nos leva à paz.
A Palavra da vida nos convidas a profetizar,
Nas ruas e nos templos,
Onde a nossa voz puder alcançar,
Anunciamos o Coração que a todos oferece alento.
Profetizar o Reino é decorrência
de um nobre sentimento,
É desejo de trazer ao mundo uma sublime beleza,
De dar às vidas a dignidade que não se esvai
A qualquer momento,
E conferir ao existir o afagar de tua sutileza.
Viver para o Reino não é tirar os pés da terra,
Mas antes trazê-los para aqui,
Onde sofridas preces numa acesa vela
Tanto esperam um consolo em seu existir.
Um Reino a anunciar,
Um desejo nobre de viver,
Uma vida que vem a nossa iluminar,
Um sentido que traz às nossas noites o amanhecer.

16º DOMINGO DO TEMPO COMUM

Marcos 6,30-34

[30]Os apóstolos se reuniram com Jesus e lhe conta-
ram tudo o que tinham feito e ensinado. [31]Então Jesus
lhes disse: “Venham, só vocês, a um lugar deserto, e
descansem um pouco”. Porque eram tantos os que iam
e vinham, que não tinham tempo nem de comer. [32]E
foram de barca a um lugar deserto e afastado. [33]No en-
tanto, muitos os viram partir e, sabendo disso, foram
até lá a pé, vindos de todas as cidades, e chegaram
antes deles. [34]Quando Jesus desceu da barca, viu uma
grande multidão e se encheu de compaixão, porque
eram como ovelhas sem pastor. E começou a ensinar-
-lhes muitas coisas.

O SER E O FAZER

Nas esperadas e inesperadas andanças da vida,
O fazer e o frutificar parecem se impor,
Quais imperativos absolutos de uma única via
Que não enxergam fora da ação algo de valor.
Rasa demais seria a vida se esta fosse sua essência,
Resumir-se-ia ao prático e rápido,
Ao fugaz e passageiro agir sem consciência.
Pede-nos o Senhor um novo olhar:
Que, antes do fazer, antecipe-se o ser,
Que nosso conteúdo aconteça como o florescer:
Natural, belo e cheio de viver,
E não como um incômodo trovão:
Ruidoso, passageiro e cheio de desprazer.
Seja a vida a essência do agir;
O agir, um transbordar de uma rica essência,
O ser, a segurança frente ao porvir,
E a fé, a luz que extirpa toda ruidosa experiência.
Nos afazeres e no descanso,
Tenhamos confiança de que do Alto
Vem a nossa providência.

17º DOMINGO DO TEMPO COMUM

João 6,1-15

[1]Depois disso, Jesus foi para o outro lado do mar da
Galileia, também chamado Tiberíades. [2]Grande multidão
seguia a Jesus, porque via os sinais que ele fazia em favor
dos doentes. [3]Jesus subiu a montanha e aí sentou-se com
seus discípulos. [4]Estava próxima a Páscoa, a festa dos ju-
deus. [5]Jesus ergueu os olhos e viu uma grande multidão que
ia ao seu encontro. Então disse a Filipe: "Onde vamos com-
prar pão para que eles possam comer?" [6]Jesus falou assim
para testar Filipe, pois sabia muito bem o que ia fazer. [7]Fi-
lipe respondeu: "Nem o dinheiro de duzentos dias de traba-
lho daria para comprar pão e cada um receber um pouco".
[8]Um dos discípulos de Jesus, André, irmão de Simão Pedro,
disse: [9]"Aqui há um rapaz que tem cinco pães de cevada e
dois peixinhos. Mas o que é isso para tanta gente?" [10]Então
Jesus disse: "Digam para o povo se sentar". Havia muita
grama nesse lugar, e as pessoas se sentaram; eram cerca de
cinco mil. [11]Jesus tomou os pães, agradeceu e distribuiu aos
que estavam sentados. Fez a mesma coisa com os peque-
nos peixes. E todos comeram quanto queriam. [12]Quando
ficaram satisfeitos, Jesus disse aos discípulos: "Recolham
os pedaços que sobraram, para que nada se desperdice".
[13]Eles recolheram e encheram doze cestos com os peda-
ços dos cinco pães que sobraram do que haviam comido.
[14]Quando as pessoas viram o sinal que Jesus tinha feito,
disseram: "Este é realmente o Profeta que vem ao mundo!"
[15]Jesus, porém, percebeu que iam tomá-lo para fazer dele
um rei. Então se retirou sozinho, de novo, para a montanha.

A MENSAGEM DO PROFETA VERDADEIRO

Após o sublime milagre da partilha
E sentirem na pele o Deus que se faz próximo,
Reconhecem-te como o verdadeiro profeta
Que há tanto esperavam quais vigias num pan-óptico.
Contudo, não és um profeta das nuvens
Que vive profetizando aos anjos e aos santos,
Não te resumes na fria Lei e numa puríssima verdade.
És o profeta da vida,
Que anuncia a esperança, e não a desgraça,
A dignidade, e não a pura sociedade.
Na partilha dos pães e peixes,
Não é a tua grandeza que queres anunciar,
Mas a profundidade da verdadeira humanidade
Que se dá em cada ser que se permite misturar.
Tua divindade se dissolve na nossa humanidade,
E em quanto mais humano o nosso ser se transforma,
Mais claro se torna o fato de que és o Deus da bondade.
Queres te mostrar pelas nossas mãos;
És o oleiro que deseja contemplar os frutos
Do nosso barro por ti moldado.
Em cada pão e em cada vida a partilhar,
Vemos-te qual mensagem viva,
E não de um distante passado.
A partilha é o grande milagre,
Pois nela se mostra o que há de mais belo
Em nossa humanidade.

18º DOMINGO DO TEMPO COMUM

João 6,24-35

24 Ao verem que nem Jesus nem os discípulos es-
tavam aí, as pessoas subiram nas barcas e foram pro-
curar Jesus em Cafarnaum. 25 Quando o encontraram no
outro lado do lago, lhe disseram: “Rabi, quando che-
gaste aqui?” 26 Jesus respondeu-lhes dizendo: “Eu lhes
garanto: Vocês estão me procurando não porque viram
sinais, mas porque comeram os pães e ficaram satisfei-
tos. 27 Não trabalhem pelo alimento que se estraga; tra-
balhem pelo alimento que dura para uma vida eterna,
alimento que o Filho do Homem dará a vocês, porque
Deus Pai o marcou com seu selo”. 28 Então lhe disseram:
“O que devemos fazer para realizar as obras de Deus?”
29 Jesus respondeu, dizendo-lhes: “Esta é a obra de Deus:
que vocês acreditem naquele que ele enviou”. 30 Eles
perguntaram: “Que sinal fazes, para que possamos ver e
acreditar em ti? O que é que fazes? 31 Nossos pais come-
ram o maná no deserto, como está escrito: ‘Ele lhes deu
para comer um pão que veio do céu’”. 32 Jesus lhes disse:
“Eu lhes garanto: não foi Moisés quem deu a vocês o
pão que veio do céu. É o meu Pai quem dá para vocês o
verdadeiro pão que vem do céu. 33 Porque o pão de Deus
é o que desce do céu e dá vida ao mundo”. 34 Então lhe
disseram: “Senhor, dá-nos sempre desse pão”.

35 Então Jesus lhes disse: “Eu sou o pão da vida.
Quem vem a mim nunca mais terá fome, e quem acredi-
ta em mim nunca mais terá sede”.

O PÃO DA HUMANIDADE

Quanto tempo nos consomem as cotidianidades.
O básico parece ser o suficiente;
O raso, o afagar da necessidade,
E o imediato, a rota da nossa mente.
O pão de cada dia é fundamental,
É a base que nos sustenta,
Mas o existir, se só isso fosse, seria banal
Numa vida que a nada nem a ninguém acrescenta.
Pedes que nos alimentemos do pão da vida,
Do alimento espiritual que nos humaniza,
Que semeia em nosso jardim a flor mais bonita,
E nos revela as novas cores de uma vida
Que em ti se realiza.
Esse alimento por nós deve ser cultivado;
Não é colhido na ligeira necessidade,
Mas na perseverança e no tempo é semeado
E produz frutos mais saborosos que qualquer fugacidade.
O pão da vida é o alimento que desenvolve a humanidade,
É o profundo que nos livra do supérfluo querer,
É a bela revelação do viver de verdade,
É o sentido do divino amanhecer em nosso ser.

19º DOMINGO DO TEMPO COMUM

João 6,41-51

41Os judeus começaram a murmurar, porque Jesus
tinha dito: "Eu sou o pão que desceu do céu". 42E di-
ziam: "Esse aí não é Jesus, o filho de José? Nós conhe-
cemos seu pai e sua mãe. Como é que ele vem dizer: 'Eu
desci do céu?'" 43Jesus respondeu e lhes disse: "Parem
de murmurar. 44Ninguém pode vir a mim, se o Pai que
me enviou não o atrair, e eu o ressuscitarei no último
dia. 45Está escrito nos Profetas: 'Todos serão instruídos
por Deus'. Todo aquele que escutou o Pai e aprendeu
dele vem a mim. 46Não que alguém tenha visto o Pai. Só
aquele que vem de Deus é que viu o Pai. 47Eu garanto a
vocês: quem acredita possui vida eterna. 48Eu sou o pão
da vida. 49Os pais de vocês comeram o maná no deserto,
e morreram. 50Este é o pão que desce do céu, para que
não venha a morrer quem dele comer. 51Eu sou o pão
vivo que desceu do céu. Quem comer deste pão viverá
para sempre. E o pão que eu vou dar é a minha carne,
para que o mundo tenha a vida".

VIDA EM OBLAÇÃO

Conhecer-te é colocar a vida à disposição,
Entendendo que o individual é junto com o plural,
Que o meu querer pode, pelo outro, ir ao chão
Quando se percebe que pensar só em si é um mal.
Em ti está a vida do mundo,
Os sonhos simples e verdadeiros,
O caminho longo, porém seguro;
Um Reino, construído por muitos obreiros,
Um sentimento, desinteressado e puro:
O amor, a base de quem se importa pelo alheio.
Te doas para o mundo alimentar,
Qual pão trabalhado, alimento de cada amanhecer,
E vinho fermentado, alegria em nosso ser,
Porque nada mais queres do que nos dar vida,
E tal não seria possível se tu não nos ensinasses a viver.
Um coração fechado em si jamais há de perceber.
O infinito jamais penetrará as pedras
Que envolveram esta carne.
A luz será um feixe mínimo dentro deste obscuro ser,
E a vida, uma morta monotonia
Que não provoca o mínimo alarde.
Na dinâmica do pão da vida,
O existir ganha novos ares e sabores,
Jamais negando a vida que sempre é sofrida,
Mas sempre acolhendo o amor que consola nossas dores.
Na vida que, assim como o pão, se faz oblação,
As melodias do amor, qual formosa canção,
Sempre ressoarão.

20º DOMINGO DO TEMPO COMUM

João 6,51-58

51“Eu sou o pão vivo que desceu do céu. Quem co-
mer deste pão viverá para sempre. E o pão que eu vou
dar é a minha carne, para que o mundo tenha a vida.”
52Os judeus começaram a discutir entre si: “Como
pode ele dar-nos a sua carne para comer?” 53Jesus lhes
disse: “Eu lhes garanto: se vocês não comem a carne do
Filho do Homem e não bebem o seu sangue, não têm
a vida em vocês. 54Quem come a minha carne e bebe
o meu sangue tem vida eterna, e eu o ressuscitarei no
último dia.
55Porque a minha carne é verdadeira comida, e o
meu sangue é verdadeira bebida. 56Quem come a mi-
nha carne e bebe o meu sangue permanece em mim, e
eu permaneço nele. 57E como o Pai, que vive, me en-
viou, e eu vivo pelo Pai, assim aquele que se alimentar
de mim viverá por causa de mim. 58Este é o pão que
desceu do céu. Não é como o pão que os antepassados
comeram e depois morreram. Quem come este pão viverá
para sempre”.

O ALIMENTO DA VIDA

Sabes de nossas fadigas e cansaços,
Entendes nossos limites,
Acolhes nossos fracassos.

Não há quem possa melhor nos entender,
Conhece-nos melhor que nós mesmos
E, por isso, não desistes de nos dar o teu ser.

Tens para nós um sonho de comunhão,
Em que pai e filho sejam sempre um,
E os filhos, unidos como irmãos.

Queres que sejamos um só coração,
Nas diferenças que nos enriquecem
E na capacidade de dividir o mesmo pão.

Por isso, te tornas alimento,
Não para a fome passageira,
Mas para, à alma, dar alento.

És o pão da vida,
Sustento do ser
Cansado numa vida sofrida.

És o alimento, fonte de esperança,
E nenhuma escassez
Supera a tua bonança.

21º DOMINGO DO TEMPO COMUM

João 6,60-69

60Quando ouviram isso, muitos discípulos dele
disseram: "Essas palavras são duras demais. Quem
pode continuar ouvindo isso?" 61Jesus sabia que seus
discípulos estavam murmurando a respeito do que ele
tinha dito. E lhes disse: "Isso escandaliza vocês? 62E
se vocês virem o Filho do Homem subir para o lugar
onde estava antes? 63O Espírito é que dá a vida; a car-
ne não serve para nada. As palavras que eu disse a
vocês são espírito e vida. 64Mas entre vocês há alguns
que não acreditam". Jesus sabia desde o início quais
eram os que não acreditavam e quem haveria de traí-
-lo. 65E continuou: "É por isso que eu disse: 'Ninguém
pode vir a mim, se isso não lhe for concedido pelo
Pai'". 66Por esse motivo, muitos discípulos voltaram
atrás, e já não andavam com Jesus. 67Então Jesus dis-
se aos Doze: "Será que vocês também não querem ir
embora?" 68Simão Pedro respondeu-lhe: "A quem ire-
mos, Senhor? Tu tens palavras de vida eterna. 69E nós
acreditamos e sabemos que tu és o Santo de Deus".

TENS PALAVRAS DE VIDA

Porque não vales um pequeno esforço
Ou alguns minutos do nosso dia,
Mas porque vales a vida,
Queremos te seguir, inclusive na renúncia sofrida.
Porque formas, e não apenas confortas;
Porque nos faz crescer, e não estagnar,
A vida em ti se torna mais humana,
E não momentos que nos desviam do sonhar.
As tuas palavras tocam os acontecimentos;
Não são espetáculos de mero entretenimento,
Mas alicerce que sustenta o viver
E fonte que inunda de vida plena o nosso ser.
Aonde iremos, Senhor?
Por quais caminhos enveredar,
Se longe de ti tudo parece um absurdo,
Onde o existir é mero decorrer de nosso desejar?
Tens palavras de vida,
Por isso a nossa, em ti, fica esclarecida;
Tens palavras de amor,
Assim, em ti, o fim nunca será a dor.
És o divino em nosso humano,
A luz em nossas obscuridades,
A verdade em nosso engano,
O necessário em nossas debilidades.
Em nada além de ti encontraríamos tamanho sentido;
Em nada, senão na tua Palavra,
O existir encontrará vias para suportar aquilo
Que o torna sofrido.

22º DOMINGO DO TEMPO COMUM

Marcos 7,1-8.14-15.21-23

1 Os fariseus e alguns doutores da Lei, vindos de Jeru-
salém, se reuniram em volta de Jesus. 2 E viram que alguns
discípulos de Jesus comiam os pães com mãos impuras,
isto é, sem lavá-las. 3 Os fariseus e todos os judeus, de fato,
conservando a tradição dos anciãos, não comem sem lavar
o braço até o cotovelo. 4 E quando voltam da praça públi-
ca, não comem sem antes se lavar. E muitas outras coisas
que receberam para observar, como a lavagem de copos,
jarros e vasos de metal... 5 Os fariseus e os doutores da
Lei perguntaram a Jesus: "Por que os teus discípulos não
se comportam conforme a tradição dos anciãos, mas co-
mem pão com mãos impuras?" 6 Jesus respondeu: "Isaías
bem profetizou a respeito de vocês, hipócritas, como está
escrito: 'Este povo me honra com os lábios, mas o seu
coração está longe de mim. 7 Eles me prestam culto inutil-
mente, ensinando doutrinas que são apenas mandamentos
humanos'. 8 Abandonando o mandamento de Deus, vocês
se apegam à tradição dos homens".

14 Chamando de novo para junto de si a multidão,
Jesus lhes dizia: "Ouçam-me todos, e entendam. 15 Não
existe nada fora da pessoa que, ao entrar nela, possa
torná-la impura. Mas o que sai da pessoa, isso é que a
torna impura.

21 Porque é de dentro, do coração das pessoas, que
saem as más intenções, prostituições, roubos, assassina-
tos, 22 adultérios, cobiça, maldades, malícia, devassidão,
inveja, blasfêmia, arrogância, insensatez. 23 Todas essas
coisas más saem de dentro da pessoa e a tornam impura".

A FALSA RELIGIÃO

Nas levezas da superficialidade,
Encontra-se a religião das aparências.
Cumprir ritos parece ser o essencial;
Manter perfeito o que está ao alcance dos olhos,
Qual casca brilhante que envolve um podre fruto,
Parece ser o suficiente para a Deus ser atraente.
A aparência é boa, mas o fato é cruel:
Tal religião gera monstros, e não crentes,
Gera corruptos, e não justos,
Gera morte e divisão, e não um Reino de irmãos,
Pois lavar as mãos parece ser mais importante
Do que a um outro estendê-las.
A religião que pregas é a que liga, não que desliga;
É a que humaniza, e não escraviza;
É a que comporta as fraquezas,
E não a falsa perfeição;
É a que olha o coração em seus compassos
e descompassos
E na misericórdia sempre ama, acolhe e perdoa.
Seja nos acertos ou nos fracassos,
Importa, acima de defender a pura aparência,
Manter o coração disponível,
Pois é neste ser aberto
Que o Infinito se faz visível,
E o Divino, alguém que sempre está por perto.

23º DOMINGO DO TEMPO COMUM

Marcos 7,31-37

31 Saindo de novo do território de Tiro, Jesus seguiu
em direção ao mar da Galileia, passando por Sidônia e
atravessando a região da Decápole. 32 Levaram a Jesus
um surdo que falava com dificuldade. E pediram que
impusesse a mão sobre ele. 33 Jesus o levou para lon-
ge da multidão. Quando estavam sozinhos, colocou os
dedos nos ouvidos dele. Depois cuspiu, e com saliva
tocou na língua dele. 34 E levantando os olhos para o céu,
gemeu e lhe disse: "Efatá!", que quer dizer: "Abra-se!"
35 No mesmo instante seus ouvidos foram abertos, e sua
língua foi solta, e ele falava perfeitamente. 36 Jesus lhes
proibiu de contar o que tinha acontecido. Mas, quanto
mais proibia, mais eles contavam. 37 Estavam muito ma-
ravilhados, e diziam: "Ele fez bem todas as coisas: faz
os surdos ouvirem e os mudos falarem".

AÇÕES DE VIDA

Nas tuas ações, a salvação irrompe,
Qual sol numa límpida manhã
A irradiar ao mundo a clareza
De dias em que a existência é sã.
Tocas o humano e aí o completas,
Restauras a dignidade que lhe é própria,
Modelando-o com tuas próprias mãos
Para que já aqui contemple de Deus a glória.
No Cristo o nosso ser é preenchido,
As nossas ausências, esquecidas,
As nossas carências, preenchidas,
E os nossos limites, superados.
Nossas dúvidas são clareadas,
Nossos erros são perdoados,
A vida encontra um rumo pleno,
Junto com os outros, sob tuas mãos guiados.
Fazes bem todas as coisas.
Porque de ti não pode provir o mal,
Em ti o bem se torna em nós realidade
Quando em nossa vida ocorre o teu natal.
Nas claras manhãs, o teu amor sempre há de nos propor
Fazer da vida um campo repleto da mais bela flor,
Onde os pássaros encontrem alegre sustento,
Onde a beleza evidencie o sentido e o alento.

24º DOMINGO DO TEMPO COMUM

Marcos 8,27-35

27Jesus partiu com seus discípulos para os vilarejos
de Cesareia de Filipe. No caminho, questionava seus
discípulos, dizendo: "Quem as pessoas dizem que eu
sou?" 28Eles lhe responderam: "João Batista. Outros,
Elias. Outros ainda, um dos profetas". 29E Jesus lhes
perguntava: "E vocês, quem vocês dizem que eu sou?"
Pedro respondeu: "Tu és o Messias". 30Então Jesus os
repreendeu, para que não falassem com ninguém a res-
peito dele. 31E começou a ensinar-lhes: "O Filho do Ho-
mem deve sofrer muito, ser rejeitado pelos anciãos, pe-
los chefes dos sacerdotes e pelos doutores da Lei, deve
ser morto e, depois de três dias, ressuscitar". 32Dizia isso
abertamente. Então Pedro, levando Jesus à parte, come-
çou a repreendê-lo. 33Mas Jesus, virando-se e olhando
para seus discípulos, repreendeu Pedro, dizendo: "Vá
para trás de mim, Satanás! Porque você não pensa nas
coisas de Deus, e sim nas coisas dos homens".

34E chamando a multidão com seus discípulos, Je-
sus lhes disse: "Se alguém quiser seguir após mim, ne-
gue-se a si mesmo, carregue sua cruz e me siga. 35Pois
quem quiser salvar a própria vida, a perderá. Mas quem
perder a própria vida por causa de mim e do Evangelho,
a salvará.

O SENTIDO DA CRUZ

Não faz parte da vida humana
Uma vida sem sofrimentos.
Negar a dor é negar o existir,
Tão marcado por esses difíceis momentos.
Contudo, a dor não é toda ruim,
O sofrimento não é só negativo,
A crise não é só desespero,
Tais momentos nos levam a refletir,
A valorizar as presenças, ao invés das ausências,
A compreender o valor de um sorrir,
A entender os esforços da existência
Que, mesmo sabendo de tantos embaraços,
Deseja continuar no mundo sendo presença.
A cruz nos fortalece,
Nos permite oferecer a mais pura prece.
Ela nos mostra a crise que nos purifica
Nas durezas da vida sofrida.
Contudo, a cruz passa a ser uma porta
Que nos abre a um mundo ainda maior;
Ela nos dá a esperança da vida plena,
Onde o existir encontra a salvação,
O sentido que tanto buscou em qualquer chão
E agora encontra no Deus que lhe estende a mão.
Seguir o Senhor com a nossa cruz
É ter a certeza de que um dia
Toda a treva se transformará em luz.

25º DOMINGO DO TEMPO COMUM

Marcos 9,30-37

30 Partindo daí, caminhavam através da Galileia,
mas Jesus não queria que alguém ficasse sabendo. 31 É
que ele ensinava os discípulos, e lhes dizia: "O Filho
do Homem será entregue nas mãos dos homens, e eles
o matarão. E, morto, ressuscitará depois de três dias".
32 Mas eles não entendiam o que isso queria dizer, e ti-
nham medo de lhe perguntar.

33 E chegaram a Cafarnaum. Quando estavam em
casa, Jesus lhes perguntou: "O que é que vocês discu-
tiam no caminho?" 34 Mas eles ficaram calados, porque
no caminho tinham discutido entre si sobre quem era o
maior. 35 Tendo sentado, Jesus chamou os Doze e lhes
disse: "Se alguém quiser ser o primeiro, seja o último
de todos e o servidor de todos". 36 Tomando uma criança,
colocou-a no meio deles. E, pegando-a nos braços, disse
a eles: 37 "Quem acolhe uma destas crianças por causa
do meu nome, é a mim que está acolhendo. E quem me
acolhe, não é a mim que está acolhendo, mas àquele que
me enviou".

A ALMA DE UMA CRIANÇA

Nobre e pura é a alma de uma criança,
Desinteressada e sem perversidades.
Sua maior alegria é ser pelos pais abraçada;
Simples e sem acepções,
Abre-se ao outro completamente desarmada.
Levando os dias com alegria contagiante,
Dando vida a lares outrora desanimados,
Transformando ambientes com seu feliz semblante,
Assim é a pequenina criança
Que traz ao existir tons de uma música dançante.
Um espírito assim é solo fértil,
Entende as palavras do Senhor,
Que não pretende fazer da vida um senhorio,
Mas um acontecimento em que o servir tenha o penhor,
Em que ambições pretensiosas sejam substituídas
Por gestos de desapego e liberdade interior.
Quanto não se aprende com a simplicidade
Que não almeja roteirizar as relações,
Que não se fecha às diferenças,
Que torna o existir um hino à liberdade,
E a fé, dinâmica à vida, e não meras crenças.
Essa é a proposta de um humilde Senhor
Que enxerga o existir na ótica de puras crianças,
Fazendo florescer na vida
Cores que aos nossos olhos descansam.

26º DOMINGO DO TEMPO COMUM

Marcos 9,38-43.45.47-48

38João disse a Jesus: "Mestre, vimos alguém expul-
sando demônios em teu nome e lhe proibimos, porque
não nos segue". 39Jesus porém disse: "Não lhe proíbam.
Pois não há ninguém que faça um milagre em meu
nome e logo em seguida possa falar mal de mim. 40De
fato, quem não está contra nós, está a nosso favor. 41E
quem dá a vocês um copo de água em meu nome, por
vocês serem de Cristo, eu lhes garanto: não perderá sua
recompensa".

42"E se alguém escandalizar um destes pequenos
que creem, seria melhor que lhe amarrassem no pescoço
uma pedra de moinho e o atirassem ao mar. 43Se a sua
mão é motivo de escândalo para você, corte-a. É me-
lhor entrar na vida mutilado do que, tendo as duas mãos,
você ir para o inferno, para o fogo que nunca se apaga.
45Se o seu pé é para você motivo de escândalo, corte-o.
É melhor você entrar coxo na vida do que, tendo os dois
pés, ser atirado no inferno. 47Se o seu olho é motivo de
escândalo para você, arranque-o. É melhor você entrar
no Reino de Deus com um só olho do que, tendo os dois
olhos, ser atirado no inferno, 48onde o verme deles não
morre e o fogo não se apaga."

A FÉ NO INFINITO

Enquadrados em nossas crenças,
Tomamos posse de Deus,
Limitamo-lo à nossa vontade,
Encarceramos o Divino nas nossas ambições
E, assim, o apresentamos ao mundo
Como um Deus servo dos nossos corações.
Porventura não é ele o Senhor, e nós, as criaturas?
Nessa mentalidade, criamos um deus
Ao molde de nossas fantasias,
E não honramos ao Senhor,
Que, na humildade, opera maravilhas.
Pôr limites a Deus é querer entendê-lo
E assim propor uma religião do agradável,
Mas o Criador é mistério e infinito,
Acima de qualquer desejo ou ideia deplorável.
A fé passa a se tornar vida
Quando percebe a necessidade de se despojar;
Quando, entendendo o diverso que a completa,
Vê no mundo o depósito de seu amar.
Criada e orientada ao infinito,
Ela se vê qual águia guiada pelo sol a brilhar,
Esvoaçando com nobreza sobre os horizontes do existir,
Revelando a beleza de deixar-se pelo tudo abraçar.
A fé são asas que nos levam ao céu sem limites,
E não grades que nos prendem às nossas mesmices.

27º DOMINGO DO TEMPO COMUM

Marcos 10,2-16

2Alguns fariseus se aproximaram dele e perguntaram, para pô-lo à prova: "É permitido ao marido divorciar-se de sua mulher?" 3Ele respondeu: "O que Moisés
lhes ordenou?" 4Responderam: "Moisés permitiu escrever a carta de divórcio e mandá-la embora". 5Jesus
lhes disse: "Ele escreveu esse mandamento por causa
da dureza do coração de vocês. 6Mas, desde o princípio
da criação, Deus os fez homem e mulher. 7Por isso o
homem deixará seu pai e sua mãe, 8e os dois serão uma
só carne. E assim já não serão dois, mas uma só carne.
9Portanto, o que Deus uniu, o homem não separe". 10Em
casa, os discípulos fizeram de novo perguntas sobre
isso. 11Jesus lhes disse: "Quem se divorcia de sua esposa
e se casa com outra comete adultério contra a primeira.
12E se ela se divorcia do seu marido e se casa com outro,
comete adultério".

13Levavam crianças a Jesus, para que ele tocasse nelas. Os discípulos, porém, repreendiam essas pessoas.
14Vendo isso, Jesus ficou indignado e lhes disse: "Deixem as crianças vir a mim. Não as impeçam, porque o
Reino de Deus pertence aos que são semelhantes a elas.
15Eu lhes garanto: quem não receber o Reino de Deus
como uma criança não entrará nele". 16E, abraçando-as,
ele as abençoava, impondo as mãos sobre elas.

OS CAMINHOS DA UNIÃO

Nos teus sonhos e projetos,
Entendemos o segredo de uma boa relação
Que não se entende no domínio e na autoridade,
Mas em relações de amor e perdão.
"Homem e mulher os criou"
Não para que ele se imponha sobre ela,
Não para que ela se sobreponha a ele,
Mas para que juntos formem o um igual,
Sem desigualdade, mas em plena liberdade.
Afinal, a força que os une
Não é a autoridade ou a submissão,
Mas o amor que sempre coopera
Para que nunca se quebre a aliança da união.
Assim é com os casados,
Assim é com a Igreja,
No amor verdadeiro e desinteressado
Que a vida sempre necessita e almeja.
Quais crianças, puras e sem maldades,
São os corações que entendem a verdadeira união,
Que não querem fazer dos diferentes um igual uniforme,
Mas nos complementares mostrar a mais bela
e unitiva atração:
O amor puro, livre, respeitoso e cheio de doação.

28º DOMINGO DO TEMPO COMUM

Marcos 10,17-30

17Quando Jesus estava saindo para seguir caminho,
alguém correu, ajoelhou-se diante dele e perguntou:
"Bom mestre, o que devo fazer para ter em herança a
vida eterna?" 18Jesus lhe respondeu: "Por que você me
chama de bom? Ninguém é bom, a não ser só um: Deus.
19Você conhece os mandamentos: não mate, não cometa
adultério, não roube, não levante falso testemunho, não
engane ninguém, honre seu pai e sua mãe". 20Ele então
lhe disse: "Mestre, eu tenho observado todas essas coi-
sas desde a minha juventude". 21E Jesus, olhando para
ele, o amou e lhe disse: "Só uma coisa lhe falta: vá,
venda tudo o que você tem e dê aos pobres, e você terá
um tesouro no céu. Depois, venha e me siga". 22Mas ele,
espantado com essas palavras, foi embora triste, porque
tinha muitos bens.

23Olhando ao redor, Jesus disse a seus discípulos:
"Como é difícil os que têm riquezas entrarem no Reino
de Deus". 24Os discípulos ficaram admirados com es-
sas palavras dele. Mas Jesus continuou a dizer: "Filhos,
como é difícil entrar no Reino de Deus! 25É mais fácil
um camelo passar pelo vão de uma agulha do que um
rico entrar no Reino de Deus". 26Eles ficaram mais ad-
mirados ainda, e diziam entre si: "E quem conseguirá
salvar-se?" 27Olhando para eles, Jesus disse: "Para os
homens é impossível, mas não para Deus, porque para
Deus tudo é possível".

[28]Pedro começou a dizer-lhe: "Eis que nós dei-
xamos tudo e te seguimos". [29]Jesus respondeu: "Eu
lhes garanto: não há ninguém que tenha deixado casa,
irmãos, irmãs, mãe, pai, filhos e campos por causa de
mim e do Evangelho, [30]que não receba agora, no tempo
presente, cem vezes mais em casas, irmãos, irmãs, mãe,
filhos e campos, com perseguições, e no mundo futuro
a vida eterna".

PLENO SEGUIMENTO

Fraco seria o seguimento
E vazia seria a fé
Se apenas o dever das leis pautasse o comportamento,
Não tocando na vida com um novo mandamento.
Nas leis, o comprometimento ganha ordem,
Na vida, se torna sentido,
Na razão, ele ganha eloquência,
No pulsar, se torna o calor de nossa existência.
Por isso seguir-te implica a vida,
Deixar tudo para o tudo ganhar,
Abdicar-se do momentâneo
E o eterno, com todo o ser, abraçar.
Contudo, vês nossas necessidades,
Sabes de nossas debilidades,
Entendes os nossos tropeços
E não desistes diante de nossos erros.
Todavia, nada disso te impede
De continuar o tudo a nos pedir;
Sabes que, conformando-nos ao finito,
Deformas a nossa essência que deseja o infinito.
Pois viver é abrir-se ao horizonte sem fim,
É caminhar com esperança e perseverança,
Haurindo-se do sol que a cada dia ilumina
E da fé que, nas tempestades, se apoia
na certeza da bonança.

29º DOMINGO DO TEMPO COMUM

Marcos 10,35-45

[35]Tiago e João, filhos de Zebedeu, aproximaram-
-se de Jesus e lhe disseram: “Mestre, queremos que nos
faças o que vamos te pedir”. [36]Ele perguntou: “O que
vocês querem que eu lhes faça?” [37]Eles responderam:
“Permite que nos sentemos um à tua direita e outro à tua
esquerda, na tua glória”. [38]Jesus lhes disse: “Vocês não
sabem o que estão pedindo. Vocês conseguem beber o
cálice que eu vou beber, e ser batizados com o batismo
com o qual eu vou ser batizado?” [39]Eles lhe responde-
ram: “Conseguimos”. Então Jesus lhes disse: “Vocês be-
berão o cálice que eu vou beber, e receberão o batismo
com o qual eu serei batizado. [40]Mas sentar-se à minha
direita e à minha esquerda não cabe a mim concedê-lo,
porque é para aqueles a quem está reservado”.

[41]Ouvindo isso, os dez começaram a ficar zangados
com Tiago e João. [42]Então, chamando-os para junto de
si, Jesus lhes disse: “Vocês sabem que aqueles que são
vistos como governantes das nações as dominam, e seus
grandes as tiranizam. [43]Mas entre vocês não deve ser
assim. Ao contrário, quem de vocês quiser ser grande,
seja o servidor de vocês. [44]E quem de vocês quiser ser
o primeiro, seja o servo de todos. [45]Porque o Filho do
Homem não veio para ser servido, mas para servir e dar
a própria vida como resgate por muitos”.

A SIMPLES E PURA ESSÊNCIA

O sentido sempre foi muito simples,
A razão, sempre muito óbvia,
O seguimento, sem múltiplos pormenores,
O mestre, sempre no meio de seus seguidores.
Mas as ligeiras vontades tomam forma,
A liberdade se aliena ao poder,
A influência gananciosa à mensagem deforma,
A vaidade se sobrepõe ao crer.
O simples se tornou complexo,
O evidente, sol escondido pelas nuvens,
A mensagem, apenas um anexo,
O discipulado, escondido sob maquiagens.
Calcados nas moções e emoções,
Esquecemo-nos da tão necessária essência:
Servir sem distinções e restrições
E amar, sempre e acima de qualquer aparência.
Aí está a única regra,
O único propósito e compromisso,
Capaz de tornar a vida mais bela
Do que qualquer desejo sem juízo.
Amar e servir
Ao diferente que na diferença me completa.
Amar e servir
Ao Deus servidor, que nossa alma deixa repleta.

30º DOMINGO DO TEMPO COMUM

Marcos 10,46-52

46E chegaram a Jericó. Quando Jesus saía de Jericó com seus discípulos e considerável multidão, Bartimeu, filho de Timeu, um mendigo cego, estava sentado à beira do caminho.
47Ao ouvir que era Jesus de Nazaré, começou a gritar: "Jesus, Filho de Davi, tem piedade de mim!"
48E muitos o repreendiam para que se calasse. Mas ele gritava ainda mais forte: "Filho de Davi, tem piedade de mim!"
49Jesus parou e disse: "Vão chamá-lo". E chamaram o cego, dizendo-lhe: "Coragem! Levante-se! Ele está chamando você".
50Jogando fora o manto, ele deu um pulo e foi até Jesus.
51E Jesus lhe perguntou: "O que deseja que eu faça por você?" O cego respondeu: "Mestre, que eu possa ver novamente".
52Jesus lhe disse: "Vá, sua fé o salvou". E imediatamente ele voltou a enxergar, e seguia a Jesus no caminho.

RUMOS DA ESPERANÇA

À beira do caminho,
Lá onde a semente não nasce,
Onde a sujeira se acumula
E o tumulto enlouquece,
Lá estava alguém necessitado de ti.
Oprimido pela cegueira e pela exclusão,
Rejeitado porque não tinha a saúde de um varão,
Estava conformado em sua debilidade,
E passava os dias sem esperar por nenhuma novidade.
Mas uma presença nova parecia chegar,
Suas ações e milagres o precedem,
Qual raios de sol a uma nova manhã anunciar,
Na harmonia das luzes e cores,
para que vidas se renovem.
Quando estás assim, a alma se tranquiliza,
A esperança se reacende,
A vida se harmoniza,
E o coração ao amor novamente compreende.
A semente, outrora à margem,
Agora em terra fértil é replantada;
Longe do tumulto vazio e sem sentido,
A alma encontra abrigo, sob tua mão guiada.
O manto antigo não é mais necessário.
Revestir-se de ti, é isso o que importa,
Assim o ser não caminhará a rumos contrários.
Encontrará raízes para que a semente
não se perceba morta,
Mas floresça bela e exuberante,
Pois em Deus percebeu os caminhos
para um existir vicejante.

31º DOMINGO DO TEMPO COMUM

Marcos 12,28b-34

[28]Um dos doutores da Lei tinha ouvido a discussão.
Vendo que Jesus tinha respondido bem, aproximou-se
dele e perguntou: "Qual é o primeiro de todos os man-
damentos?" [29]Jesus respondeu: "O primeiro é: 'Ouça,
Israel! O Senhor nosso Deus é o único Senhor. [30]Ame
o Senhor seu Deus com todo o seu coração, com toda a
sua alma, com toda a sua mente, com toda a sua força'.
[31]O segundo é: 'Ame o seu próximo como a si mesmo'.
Não existe outro mandamento maior do que estes". [32]O
doutor da Lei lhe disse: "Muito bem, mestre. Com razão
disseste que Deus é o único, e que não existe outro além
dele. [33]E que amá-lo com todo o coração, com toda a
inteligência e com toda a força, e amar o próximo como
a si mesmo, vale mais que todos os holocaustos e sacri-
fícios". [34]Vendo que ele tinha respondido com inteligên-
cia, Jesus lhe disse: "Você não está longe do Reino de
Deus". E ninguém mais tinha coragem de fazer pergun-
tas a Jesus.

A NOBREZA DO AMOR

Existir supõe errar.
Pois bem, amar é aceitar que errou.
Supõe também o fracassar,
E amar é perceber que fracassou.

O amor não nos torna perfeitos,
Super-heróis que sempre acertam.
Amar é ver com clareza os seus defeitos
E pôr-se por igual diante dos que nos cercam.

Amar é dar o primeiro passo,
Ir ao encontro e sorrir.
Mesmo que o retorno seja um fracasso,
Amar é não desistir.

É perceber que existem laços
Que dão verdadeiro sentido ao existir.
Amar é valorizar,
É dar valor ao que parece inútil,
Pois amar é saber olhar
O belo, onde tudo parece fútil.

Por isso, amar é parecer-se com o divino,
Que a nós não fadou ao desperdício,
Mas, por amor, acolheu o nosso vazio
Num ato de esvaziamento e sacrifício.

Doou-se sem esperar receber.
Mas, afinal, isto é amor:
Algo não ligado ao possuir ou ao ter,
Mas dar à vida do outro nobreza e valor.

32º DOMINGO DO TEMPO COMUM

Marcos 12,38-44

38Em seu ensinamento, Jesus dizia: "Cuidado com
os doutores da Lei. Eles gostam de andar por aí com
largas túnicas e de serem saudados nas praças públicas.
39Gostam de ocupar os primeiros lugares nas sinagogas
e os lugares de honra nos banquetes. 40Devoram as casas
das viúvas, com a desculpa de fazerem longas orações.
Esses receberão condenação mais severa".

41Sentado diante do Tesouro do Templo, Jesus ob-
servava como a multidão depositava moedas no cofre.
Muitos ricos depositavam muitas moedas. 42Veio uma
viúva pobre e depositou duas moedinhas, que valiam
um quadrante. 43Chamando a si os seus discípulos, Je-
sus lhes disse: "Eu lhes garanto: essa viúva pobre ofere-
ceu mais que todos os outros que depositaram moedas
no cofre. 44Porque todos deram do que estava sobrando
para eles. Mas ela, na sua extrema pobreza, ofereceu
tudo o que possuía, tudo o que tinha para viver".

ESSÊNCIA E APARÊNCIA

Pobre da aparência,
Fez-se intransigência,
Algo sem profundidade,
Mera superficialidade.
A aparência foi deteriorada
Na vida que, no ter, está acomodada
E não mais vê a beleza da essência,
Que é o formoso brilho de nossa existência.
Vive do exterior
E serás pobre e impostor,
Vazio de verdades
E repleto de banalidades.
Vive do interior
E tocarás o belo amor,
Que vence as aparências
E suprime todas as ausências.
Pobre viúva, não és miserável,
Mas tens uma alma louvável.
Podes não ter bens,
Mas do leviano não te fizeste refém.
Nas duas moedas te doaste,
E a Deus, mais que todos, alegraste,
Não pela quantia oferecida,
Mas pela alma, que, mesmo sofrida,
É mais bela do que qualquer margarida,
Mais preciosa do que qualquer joia enrustida
E mais perfeita
Que qualquer alma que, na aparência,
Depositou sua vida.

33º DOMINGO DO TEMPO COMUM

Marcos 13,24-32

24“Naqueles dias, depois dessa tribulação, o sol se escurecerá, a lua não dará seu brilho, 25as estrelas cairão do céu, e os poderes celestes serão abalados. 26Então verão o Filho do Homem vindo entre nuvens com poder e grande glória. 27E nesse momento ele mandará os anjos e reunirá seus eleitos, dos quatro ventos, dos confins da terra aos confins do céu.”

28“Aprendam a parábola da figueira. Quando seu ramo fica tenro e aparecem as folhas, vocês sabem que o verão está próximo. 29Assim também vocês, quando virem essas coisas acontecerem, saibam que ele está próximo, às portas. 30Eu lhes garanto: esta geração não passará antes que todas essas coisas aconteçam. 31O céu e a terra passarão, mas as minhas palavras não passarão.”

32“Ninguém sabe nada a respeito daquele dia e hora, nem os anjos no céu, nem o Filho, mas somente o Pai.”

O PRINCÍPIO E O FIM

Espera-nos, ao entardecer,
Quando o sol não mais iluminar,
Quando o vento frio a terra permear,
E as cores o obscuro dominar.
Neste momento nos aguardas,
Na esperança de que tenhamos florescido,
De que frutos e sementes tenhamos deixado
E a fresca sombra do amor tenhamos espalhado.
Quando chegar o anoitecer,
Passaremos a outras manhãs,
Não mais instáveis como as estações,
Mas para o eterno dia claro e límpido
Em que a alma, qual pássaro a voar,
No infinito céu encontra o sentido
E, na Videira da Vida, o seu abrigo.
Anoitecerá de uma vez por aqui,
E amanhecerá de uma vez por todas aí.
O fugaz e o passageiro ficarão para trás,
E o eterno tornará nosso ser ainda mais vivaz.
Pois tu és o princípio e o fim,
A luz de nosso alvorecer,
A terra de nosso jardim
E o sentido de nosso eterno viver.

34º DOMINGO DO TEMPO COMUM
Solenidade de Nosso Senhor Jesus Cristo, Rei do Universo
João 18,33b-37

33Então Pilatos entrou de novo no palácio. Chamou
Jesus e lhe perguntou: "Tu és o rei dos judeus?" 34Jesus
respondeu: "Você diz isso por si mesmo, ou foram ou-
tros que lhe disseram isso a meu respeito?" 35Pilatos fa-
lou: "Por acaso eu sou judeu? O teu povo e os chefes dos
sacerdotes te entregaram a mim. O que foi que fizeste?"
36Jesus respondeu: "O meu reino não é deste mundo. Se
o meu reino fosse deste mundo, os meus servos teriam
lutado para eu não ser entregue aos judeus. Mas agora
o meu reino não é daqui". 37Pilatos disse: "Então tu és
rei?" Jesus respondeu: "Você está dizendo: eu sou rei.
Para isso eu nasci e vim ao mundo, para dar testemunho
da verdade. Quem é da verdade ouve a minha voz".

O REINO DO CÉU E DAQUI

Um Reino que não é deste mundo
Propões àqueles que desejam a vida.
Não que fujamos daqui,
Alienando-nos de qualquer experiência sofrida.
Teu Reino, queres expandi-lo para aqui,
Fazê-lo acontecer em cada canto ou esquina,
Em cada dia difícil ou de alegria,
Em cada jardim a ser cultivado,
Em cada pessoa necessitada de cuidado.
O Reino de Deus é o amanhecer eterno
Que irradia a todos, sem distinção,
Mas só penetra naqueles que abrem as janelas,
Que permitem à luz o convívio com nossas trevas.
No céu tens um trono de glória,
Com anjos a te gloriar, no louvor e no cantar,
No mundo, passas a reinar
Nas vidas comprometidas em servir e amar.
Na liberdade e na comunhão estão os fundamentos
De um Reino que não propõe egoísmo e divisão.
No despojamento e no servir estão os primeiros acentos
Da imponente forma que o Reino assume em cada coração.
Aí, glorioso estás,
Porque és Deus digno de adoração.
Aqui, glorioso és,
Porque és amor, justiça e comunhão.

SOLENIDADE DA SANTÍSSIMA TRINDADE

Mateus 28,16-20

[16]Os onze discípulos foram para a Galileia, à monta-
nha que Jesus lhes havia indicado. [17]Ao vê-lo, ajoelha-
ram-se diante dele. No entanto, alguns duvidaram. [18]Je-
sus se aproximou e lhes disse: “Toda a autoridade me
foi dada no céu e sobre a terra. [19]Vão, portanto, e façam
que todas as nações se tornem discípulas, batizando-as
em nome do Pai e do Filho e do Espírito Santo, [20]e ensi-
nando-as a observar tudo o que lhes ordenei. Eis que eu
estou com vocês todos os dias, até o fim dos tempos”.

O MISTÉRIO DE AMOR

Num mistério de amor,
Deus se apresenta a nós.
Como amigo e Senhor,
Nos permite escutar a sua voz.
O Pai, bondoso criador,
O Filho, amoroso doador,
O Espírito, fonte do amor;
A Trindade, luz que extirpa todo torpor.
A beleza de um Deus grandioso
Que encarna a nossa humanidade,
Para nos dar o eterno gozo
De provar a eternidade.
"Estarei convosco todos os dias",
Diz o Deus dos amores.
Estar distante de nós, impossível seria
Àquele que assumiu nossas dores.
Não o entendemos plenamente,
Mas ele nos entende como ninguém,
Se faz próximo para o fazermos igualmente,
Transformando o mundo no amor que dele provém.
O incompreensível se faz compreensível
Quando o amor em nossa alma for acessível.

1º DOMINGO DA QUARESMA

Marcos 1,12-15

[12]E logo o Espírito conduziu Jesus para o deserto.
[13]E ele esteve quarenta dias no deserto, sendo tentado
por Satanás. Vivia entre as feras, e os anjos o serviam.

[14]Depois que João foi preso, Jesus se dirigiu para
a Galileia, pregando o Evangelho de Deus. [15]Ele dizia:
"O tempo se cumpriu, e o Reino de Deus está perto.
Arrependam-se e acreditem no Evangelho".

O CAMINHO DO DESERTO

Quarenta dias de deserto.
No silêncio e na oração,
Sem ter ninguém por perto,
Prepara-se para a missão.

Lá, sofreu a tentação
E a astúcia da serpente,
Mas Jesus, o novo Adão,
Não sucumbe e segue em frente.

Em harmonia com a criação
E fiel no seu propósito,
Jesus responde à sua vocação
Que desfaz deste mundo um lugar inóspito.

Vives o deserto e a solidão
E, de lá, acabas por criar,
Pelos caminhos da conversão,
Um novo mundo para se habitar.

Nos desertos do existir,
Acabas por nos ensinar:
Se na perseverança queremos ir,
O céu, já aqui na terra, iremos alcançar.

2º DOMINGO DA QUARESMA

Marcos 9,2-10

2Seis dias depois, Jesus tomou consigo Pedro, Tiago
e João, e os levou sozinhos para um lugar retirado, sobre
uma alta montanha. E aí foi transfigurado diante deles.
3Suas roupas ficaram brilhantes, extremamente brancas,
de uma brancura tal que nenhum lavadeiro sobre a terra
as poderia alvejar. 4E lhes apareceram Elias com Moisés,
que conversavam com Jesus. 5Então Pedro, tomando a
palavra, disse a Jesus: "Mestre, é bom estarmos aqui!
Vamos fazer três tendas: uma para ti, uma para Moisés
e uma para Elias". 6Ele não sabia o que dizer, porque
estavam com muito medo. 7E apareceu então uma nu-
vem, cobrindo-os com sua sombra. E da nuvem surgiu
uma voz: "Este é meu Filho amado. Ouçam-no". 8E de
repente, olhando ao redor, não viram mais ninguém, a
não ser Jesus sozinho com eles.

9Quando desciam da montanha, Jesus ordenou que
eles não contassem a ninguém o que tinham visto, até
que o Filho do Homem tivesse ressuscitado dos mortos.
10Eles guardaram o acontecido para si, perguntando-se o
que significaria "ressuscitar dos mortos".

PARAR PARA MELHOR CONTINUAR

Nas fadigas da caminhada,
Aos montes nos leva a descansar.
A alma fica elevada
E se fortalece para continuar.

Pois viver não é só fazer,
Trabalhar e construir;
Viver é ser,
Dar sentido ao porvir.

É na pausa que a ação é significada,
É olhando pra dentro que o exterior se esclarece,
É parando que a ação é estratificada,
É no repouso da noite que o sol amanhece.

Parar, mas fazê-lo para escutar,
E não na preguiça ociosa
Deixar-se definhar.
Parar para melhor retomar,
Orientando-se pela voz do Filho amado,
E levar luz aonde a escuridão reinar.

O Mestre, no monte, se transfigura;
A luz, aos discípulos, oferece,
Para eles e nós sermos como uma lua
A refletir a Luz que nos ilumina e aquece.

3º DOMINGO DA QUARESMA

João 2,13-25

[13]A Páscoa dos judeus estava próxima, e Jesus subiu para Jerusalém. [14]No templo, Jesus encontrou os vendedores de bois, ovelhas e pombas, e os cambistas sentados. [15]Fez então um chicote de cordas e expulsou todos do templo, e também as ovelhas e os bois; espalhou as moedas e virou as mesas dos cambistas. [16]E disse aos que vendiam pombas: “Tirem isso daqui! Não façam da casa de meu Pai uma casa de negócios”. [17]Seus discípulos se lembraram do que está escrito: “O zelo pela tua casa me consumirá”. [18]Os judeus responderam, dizendo a Jesus: “Que sinal nos mostras para fazeres tais coisas?” [19]Jesus respondeu, dizendo-lhes: “Destruam esse santuário, e em três dias eu o levantarei”. [20]Os judeus então disseram: “Há quarenta e seis anos vem sendo construído este santuário, e tu o levantarás em três dias?” [21]Jesus porém falava do santuário do seu corpo. [22]Quando ele foi ressuscitado dentre os mortos, seus discípulos se lembraram do que ele havia dito, e creram na Escritura e na palavra que Jesus tinha dito.

[23]Enquanto Jesus esteve em Jerusalém durante a festa da Páscoa, muitos acreditaram no nome dele, ao verem os sinais que fazia. [24]Jesus, porém, não confiava neles, porque os conhecia a todos. [25]Não precisava de ninguém para lhe testemunhar a respeito de nenhum ser humano, pois conhecia o ser humano por dentro.

TEMPLOS DO EXISTIR

O templo de pedra,
Desfigurado, abandonado,
Não louva mais a Deus,
Pois por outros interesses foi tomado.
O espetáculo é a meta,
Os milagres são as preces imediatas,
Mas o seguimento do Senhor
Obscureceu-se nas pregações do pastor.
Templo de pedra, és reflexo do templo do coração!
Coração que não busca a Deus,
Mas somente a si
E a seus anseios, tal como os fariseus.
Mestre e Senhor,
Chicoteie o egoísmo de nosso templo,
Organize o interior de nosso coração,
Abra nossas portas e nossas janelas
E ajude-nos a fazer da vida comunhão.
Templo que visa ao dinheiro,
Coração que não se interessa pelo alheio:
Tudo isso é vão
Se nas pedras e no coração
Não houver amor e humanização.

4º DOMINGO DA QUARESMA

João 3,14-21

[14]"E da mesma forma que Moisés levantou a ser-
pente no deserto, assim também é preciso que o Filho
do Homem seja levantado, [15]para que todo aquele que
nele acreditar tenha vida eterna. [16]Pois Deus amou tanto
o mundo que deu o seu Filho único, para que não mor-
ra quem nele acredita, mas tenha vida eterna. [17]Porque
Deus não enviou o seu Filho ao mundo para condenar o
mundo, mas para que o mundo seja salvo por meio dele.
[18]Quem acredita nele não é julgado; quem não acredita
já está julgado, porque não acreditou no nome do Filho
único de Deus. [19]E este é o julgamento: a luz veio ao
mundo, mas as pessoas preferiram as trevas em lugar da
luz, porque suas ações eram más. [20]Pois quem pratica o
mal odeia a luz e não se aproxima da luz, para que suas
ações não sejam reprovadas. [21]Mas quem pratica a ver-
dade vem na direção da luz, para que suas ações sejam
vistas, porque são feitas em Deus."

ALEGRA-TE NO AMOR

Ó alma, alegra-te!
Pois ainda há amor.
Não percas a esperança,
Mesmo naqueles momentos de dor.
Não desanimes,
Pois contigo está o Senhor.
Este Senhor que não hesitou em se doar,
Que, de tanto nos amar,
Não fez outra coisa senão seu sangue derramar,
Para sua graça nos alcançar
E vivermos na luz do céu a nos iluminar.
Não desistas de seus sonhos,
Ó pobre e mísera alma;
Tua vida não preenchas com momentos enfadonhos,
Mas permite-te sempre te alegrar
Naqueles sublimes momentos de encontros,
Seja com o irmão, o alvo do teu amar,
Seja com Deus, a fonte do teu amor.
Na dinâmica de Jesus,
A vida se torna luz.

5º DOMINGO DA QUARESMA

João 12,20-33

[20]Entre os que tinham subido a Jerusalém para adorar
a Deus durante a festa, havia alguns gregos. [21]Eles se apro-
ximaram de Filipe, aquele que era de Betsaida da Galileia,
e lhe pediram, dizendo: “Senhor, queremos ver Jesus”.
[22]Filipe falou com André, e os dois foram falar com Jesus.
[23]Então Jesus respondeu-lhes, dizendo: “Chegou a hora em
que o Filho do Homem vai ser glorificado. [24]E eu garanto a
vocês: se o grão de trigo, ao cair na terra, não morrer, fica-
rá sozinho. Mas, se morrer, produzirá muito fruto. [25]Quem
tem apego à sua própria vida vai perdê-la; quem despreza
a própria vida neste mundo vai guardá-la para a vida eter-
na. [26]Se alguém quer servir a mim, que me siga. E onde
eu estiver, aí também estará o meu servo. Se alguém ser-
ve a mim, o Pai vai honrá-lo. [27]Agora estou interiormente
perturbado. E o que vou dizer? Pai, salva-me desta hora?
Mas foi por causa disso, para esta hora, que eu vim. [28]Pai,
glorifica o teu nome!” Então veio do céu uma voz: “Eu o
glorifiquei, e vou glorificá-lo novamente”. [29]A multidão aí
presente ouviu a voz, e achava que tinha sido um trovão.
Outros diziam: “Foi um anjo que falou com ele”. [30]Jesus
disse: “Essa voz não se manifestou por causa de mim, mas
por causa de vocês. [31]Agora, é o julgamento deste mundo.
Agora, o chefe deste mundo vai ser posto para fora. [32]E eu,
quando for levantado da terra, atrairei todos a mim”. [33]Jesus
assim falava para indicar com que morte ia morrer.

VIDA QUE SE OFERTA

Os dias já iam perdendo sua luz.
Uma silenciosa angústia começava a pulsar.
Na cruz, seria elevado o Bom Jesus,
Entregando sua vida sem hesitar.
Pede-nos despojamento
Para que seja pleno o seguimento.
Se a vida, agora, haverias de ofertar,
Também os cristãos a esta dinâmica deveriam abraçar.
A última página de tua vida estás prestes a escrever,
Com gotas de sangue haverás de preenchê-la,
Sangue de uma vida a se perder
Para que no amor outras possam compreendê-la.
Nessa última marca de teu viver,
Sintetizas toda a tua obra.
Na cruz, no corpo elevado a se oferecer,
Mostra-nos um amor inesgotável, que sempre se recobra.
Serás elevado da terra
Para que o homem seja elevado de sua miséria.
Morrerás com o corpo humilhado e maltratado
Para que o existir humano seja elevado e dignificado.

DOMINGO DE RAMOS E DA PAIXÃO DO SENHOR

Marcos 11,1-10

1Quando se aproximaram de Jerusalém, diante de
Betfagé e de Betânia, perto do monte das Oliveiras, Je-
sus enviou dois de seus discípulos, 2dizendo-lhes: “Vão
ao vilarejo que está diante de vocês. Entrando nele, vo-
cês logo encontrarão um jumentinho amarrado, no qual
ninguém ainda montou. Soltem-no e tragam aqui. 3Se
alguém lhes disser: ‘Por que fazem isso?’, respondam:
‘O Senhor precisa dele, mas logo o mandará de volta
para cá’”. 4Eles foram e encontraram um jumentinho na
rua, amarrado junto a uma porta, e o soltaram. 5Alguns
dos que aí estavam perguntaram: “O que estão fazen-
do, soltando o jumentinho?” 6Responderam como Jesus
havia dito, e eles os deixaram partir. 7Levaram a Jesus
o jumentinho, e sobre ele colocaram seus próprios man-
tos, e Jesus montou nele. 8Muitos estenderam seus pró-
prios mantos pelo caminho, e outros estenderam ramos
de árvores que tinham cortado no campo. 9Os que iam
à frente dele e os que o seguiam, gritavam: “Hosana!
Bendito o que vem em nome do Senhor! 10Bendito o
Reino que vem do nosso pai Davi! Hosana nas alturas!”

PROPOSTA DESILUSÓRIA

Olhemos o Senhor,
Que chega a Jerusalém envolto de exultação.
Parece que seu Reino irá se impor,
E todos serão uma só nação.
Mas entras em silêncio,
Sabes que os ramos que te estendem
E os mantos que te oferecem
Transformar-se-ão nos cravos que te prendem
E no vermelho manto que te é despido.
Os mesmos que te exultam
Daqui a pouco te crucificarão;
Estes são os homens de sempre
Que seguem a imediata ilusão.
Não perseveram em suas escolhas,
Mas abdicam-se por qualquer coisa;
Diante do ínfimo sofrimento,
Desistem disso e partem para outra.
Perseverar contigo até a cruz
Manifesta o coração do discípulo
Que, em trevas ou em luz,
Não desiste deste fiel compromisso.
Os ramos empunhados pelos que se iludem
Ofuscam a verdade do lenho que te suspenderá.
A cruz, aparente ilusão, é morte que leva à vida,
E não fácil caminho, que à vida jamais plenificará.

1º DOMINGO DA PÁSCOA

João 20,1-9

1No primeiro dia da semana, Maria Madalena foi
bem cedo ao túmulo de Jesus, quando ainda estava es-
curo. E logo viu que a pedra tinha sido retirada do túmu-
lo. 2Então saiu correndo e foi encontrar Simão Pedro e o
outro discípulo, aquele a quem Jesus amava. E lhes dis-
se: "Tiraram do túmulo o Senhor, e não sabemos onde
o colocaram".

3Então Pedro e o outro discípulo saíram e foram ao
túmulo. 4Os dois corriam juntos. Mas o outro discípu-
lo passou adiante, correu mais depressa do que Pedro e
chegou primeiro ao túmulo. 5Inclinando-se, viu os len-
çóis deixados no chão, mas não entrou. 6Então Pedro,
que vinha correndo atrás, também chegou e entrou no
túmulo. Viu os lençóis deixados no chão 7e o sudário que
tinha sido colocado sobre a cabeça de Jesus. Mas o sudá-
rio não estava junto com os lençóis; estava enrolado em
lugar à parte. 8Então o outro discípulo, que tinha chega-
do primeiro ao túmulo, entrou também. Ele viu e acre-
ditou. 9De fato, ainda não tinham compreendido que ele
devia ressuscitar dos mortos, de acordo com a Escritura.

A EXISTÊNCIA PASCAL

Logo cedo, a mulher amada,
tocada por sua misericórdia,
Acorre ao teu sepulcro para cuidar de ti.
Contudo, lá estão os panos dobrados de forma curiosa
E a pedra aberta, naquela manhã misteriosa.
No coração, uma luz começa a irradiar;
Inflama-se a esperança ao recordar tuas palavras.
Sim, vivo o Senhor parece estar!
Passou da morte para um viver a triunfar.
Ó alegria que contagia o mundo!
Ó esperança que envolve nosso existir!
Tua vida é à nossa um elixir.
Ressuscitado estás, és nosso sol e nosso sorrir.
Afinal, como poderias estar morto?
Acaso pode o amor morrer?
O amor jamais acabará!
Tu és o amor que o mundo todo transformará!
As testemunhas de tua ressurreição
Ao mundo inteiro irão a vida ofertar,
Pois esta verdade é a grande razão
Para a vida da graça abraçar.
A tua Páscoa é a nossa Páscoa,
Em ti, passamos da morte para a vida,
Do frio inverno, à luz do florir,
Das lágrimas, a um eterno sorrir.
Ressuscitamos contigo
E na tua vida queremos existir.

2º DOMINGO DA PÁSCOA

João 20,19-31

19 No fim desse dia, que era o primeiro da semana, estando trancadas as portas do lugar onde estavam os discípulos com medo dos judeus, chegou Jesus. Colocou-se no meio deles e disse: “A paz esteja com vocês”. 20 Dizendo isso, mostrou-lhes as mãos e o lado. Então os discípulos ficaram contentes, porque viram o Senhor. 21 Jesus lhes disse de novo: “A paz esteja com vocês. Assim como o Pai me enviou, eu também envio vocês”. 22 Tendo falado isso, Jesus soprou sobre eles, dizendo: “Recebam o Espírito Santo. 23 Os pecados daqueles que vocês perdoarem estarão perdoados. Os pecados daqueles que vocês não perdoarem não serão perdoados”.

24 Mas Tomé, chamado Gêmeo, que era um dos Doze, não estava com eles quando veio Jesus. 25 Os outros discípulos então lhe disseram: “Nós vimos o Senhor”. Tomé, porém, lhes disse: “Se eu não vir a marca dos pregos nas mãos dele, se eu não colocar o meu dedo na marca dos pregos, e se não colocar a minha mão no lado dele, eu não acreditarei”. 26 Depois de oito dias os discípulos de Jesus estavam reunidos de novo; dessa vez, Tomé estava com eles. Estando trancadas as portas, chegou Jesus. Colocou-se no meio deles e disse: “A paz esteja com vocês”. 27 Então disse a Tomé: “Estenda seu dedo até aqui e veja minhas mãos. Estenda sua mão e coloque-a no meu lado. Não seja incrédulo, mas tenha fé”. 28 Tomé respondeu-lhe

dizendo: “Meu Senhor e meu Deus!” [29]Jesus disse: “Você está acreditando porque viu? Felizes os que não viram e acreditaram”.

[30]Jesus realizou, diante dos seus discípulos, muitos outros sinais que não estão escritos neste livro. [31]Estes sinais foram escritos para que vocês acreditem que Jesus é o Messias, o Filho de Deus. E para que, acreditando, vocês tenham vida no nome dele.

VIVER NA FÉ

Na primeira aparição, não estavas presente.
O Senhor ressuscitado ainda era a ti uma dúvida,
E não te convencerias firmemente
Se no lado aberto do Senhor
não pousasses tuas mãos descrentes.
Agora, ali está Jesus, Tomé.
Diante de ti, convida-te a tocar,
A sentir as feridas de amor
Para que tu possas amar.
Recobre tua fé, incrédulo discípulo,
Pois ela será testemunho à nossa,
Será continuação da presença do Cristo
Que, ressuscitado, resplandece de forma gloriosa.
"Meu Senhor e meu Deus!"
Como pude de ti duvidar?
Morreste, mas agora vives,
E tua paz continua a nos orientar.
Seguro estou de que não há outro caminho,
De que o coração não pulsará com sentido
Se contigo não ressuscitarmos
Abraçando a vida em ti, no amor e no compromisso.

3º DOMINGO DA PÁSCOA

Lucas 24,35-48

35 E eles, por sua vez, contaram o que tinha aconteci-
do pelo caminho, e como o haviam reconhecido quando
ele partiu o pão.
36 Os dois discípulos ainda estavam falando quan-
do Jesus se apresentou no meio deles e lhes disse: “Paz
para vocês!” 37 Eles ficaram espantados e cheios de
medo, pensando estar vendo um espírito. 38 Jesus lhes
perguntou: “Por que vocês estão perturbados? E por que
surgem dúvidas no coração de vocês? 39 Vejam minhas
mãos e meus pés: sou eu mesmo! Toquem em mim e
entendam que um espírito não tem carne nem ossos,
como vocês estão vendo que eu tenho”. 40 Dizendo isso,
mostrou para eles as mãos e os pés. 41 Mas eles ainda
não acreditavam, por causa da alegria e porque estavam
assustados. Então Jesus lhes disse: “Vocês têm alguma
coisa para comer?” 42 Ofereceram-lhe um pedaço de
peixe assado. 43 Ele o pegou e comeu diante deles. 44 E
depois lhes disse: “São estas as palavras que eu lhes fa-
lei, quando ainda estava com vocês: tinha de se cumprir
tudo o que sobre mim está escrito na Lei de Moisés,
nos Profetas e nos Salmos”. 45 Então abriu a inteligência
deles, para que compreendessem as Escrituras. 46 E lhes
disse: “Assim está escrito, que o Messias tinha de sofrer
e ressuscitar dos mortos no terceiro dia. 47 E que, em seu
nome, fosse anunciado o arrependimento para o perdão
dos pecados a todas as nações, começando por Jerusa-
lém. 48 Vocês são testemunhas disso”.

AS MARCAS DO RESSUSCITADO

"A paz esteja com vocês!"
É o desejo do Cristo ressuscitado,
Que venceu a morte e a insensatez
Para dar-nos a plenitude da vida da paz de seu Reinado.
Vivo estás para nos fazer viver,
Contudo, não és um fantasma misterioso,
Mas o mais puro e singelo ser
Que transforma nossos campos num jardim formoso.
Comes e conversas com tua gente,
Visto que não és um Deus desencarnado.
Mostras-te agora em forma resplandecente,
Sem renunciar às marcas de teu corpo crucificado.
Nas alegrias e dúvidas do coração,
Crescem os discípulos no compromisso.
Testemunhar-te parece ser a mais coerente opção
Para começar neste mundo o novo paraíso,
Onde o amor seja a maior missão,
A vida, a segurança contra qualquer risco,
E o existir, uma serena canção.

4º DOMINGO DA PÁSCOA

João 10,11-18

11“Eu sou o Bom Pastor. O Bom Pastor expõe a sua
vida pelas ovelhas. 12O mercenário, que não é pastor,
a quem as ovelhas não pertencem, quando vê o lobo
chegar, deixa as ovelhas e foge. Então o lobo ataca e
dispersa as ovelhas. 13Isso porque se trata de um mer-
cenário, que não se importa com as ovelhas. 14Eu sou
o Bom Pastor: conheço as minhas ovelhas, e elas me
conhecem, 15assim como o Pai me conhece e eu conhe-
ço o Pai, e exponho a minha vida pelas ovelhas. 16Eu
tenho ainda outras ovelhas, que não são deste curral.
Também a elas eu devo conduzir; elas ouvirão a minha
voz, e se tornarão um só rebanho com um só pastor. 17É
por isto que o Pai me ama: porque eu dou a minha vida
para recebê-la de novo. 18Ninguém tira a minha vida;
eu a dou livremente. Tenho poder de dar a vida e tenho
poder de recebê-la. Esse é o mandamento que recebi do
meu Pai.”

O BELO PASTOR

Nos entardeceres da vida,
Monótonos, vazios,
A vida parecia se esvair
Qual luz de um dia frio e sozinho.
Existir parece ser um fardo;
A aurora impõe-se como dura obrigação,
O outro interpela-me e provoca minha razão;
Barulhos ou silêncios, tudo parece ser irritação.
Mas novos dias surgem
Quando a fé naquele que é pura doação
Acontece nas misérias e na aflição,
Buscando esperanças e um novo chão.
És o Bom Pastor, o Belo,
De beleza simples, pura e admirável,
Não somente pela formosura de teus traços,
Mas pela encantadora atração de teus atos,
Que a todo instante cuida
E a todo momento se oferta.
O Bom e Belo Pastor aí está,
Quer dar cores vivas às nossas manhãs,
Sabores novos ao nosso sentir,
Caminhos verdes para o nosso florir
E vida plena ao nosso existir.

5º DOMINGO DA PÁSCOA

João 15,1-8

1“Eu sou a videira verdadeira, e meu Pai é o agricul-
tor. 2Todo ramo que não dá fruto em mim, o Pai o cor-
ta. Mas os ramos que dão fruto, ele os limpa, para que
deem mais fruto ainda. 3Vocês já estão limpos por causa
da palavra que eu lhes falei. 4Permaneçam em mim, e
eu permanecerei em vocês. Da mesma forma que não
pode dar fruto o ramo que não permanece na videira,
também vocês não poderão dar fruto, se não permane-
cerem em mim. 5Eu sou a videira, e vocês são os ramos.
Quem permanece em mim, e eu nele, dará muito fruto,
porque sem mim vocês não podem fazer nada. 6Quem
não permanecer em mim será jogado fora como ramo, e
vai secar. Esses ramos são recolhidos, atirados no fogo e
queimados. 7Se vocês permanecerem em mim e minhas
palavras permanecerem em vocês, peçam o que quise-
rem, e isso lhes será concedido. 8A glória de meu Pai
se manifesta nisto: que vocês deem muitos frutos e se
tornem meus discípulos.”

A VIDEIRA DA VIDA

Na videira do Senhor,
Somos ramos destinados a florescer,
Nutridos da seiva de sublime sabor;
As folhas assumem o verde límpido do viver.
Mas também somos pássaros,
Pequenos, à procura de vida e proteção;
Envolvidos na Árvore dos firmes galhos,
Fixamos nossos ninhos na Videira da salvação.
Sob a majestosa Videira,
A sombra dá descanso ao nosso coração,
O ar fresco purifica-nos da pérfida poeira,
E o aconchego nos livra de toda desolação.
Em qualquer situação do viver,
O convite do Senhor é feito:
Permaneçam na árvore de meu ser
E recebam de mim o centelho
Da dignidade e do pleno viver,
Da sensibilidade de a ninguém ser alheio,
E da alegria de em mim permanecer.
Na Videira da Vida,
Nossa vida permanece sempre florida.

6º DOMINGO DA PÁSCOA

João 15,9-17

9“Da forma que meu Pai me amou, eu também amei
a vocês: permaneçam no meu amor. 10Se vocês guar-
darem os meus mandamentos, permanecerão no meu
amor, assim como eu tenho guardado os mandamentos
do meu Pai e permaneço no amor dele. 11Estou falando
essas coisas a vocês para que a minha alegria esteja em
vocês, e a alegria de vocês seja completa. 12Este é o meu
mandamento: amem-se uns aos outros, assim como eu
amei a vocês. 13Ninguém tem amor maior do que alguém
que dá a vida pelos amigos. 14Vocês são meus amigos,
se fizerem o que estou mandando. 15Eu já não digo que
vocês são servos, porque o servo não sabe o que seu se-
nhor faz; eu chamei vocês de amigos, porque fiz vocês
conhecerem tudo o que ouvi do meu Pai. 16Não foram
vocês que me escolheram; fui eu que escolhi e orientei
vocês, para que vão e deem fruto, e o fruto de vocês per-
maneça. Assim, qualquer coisa que vocês pedirem ao
Pai em meu nome, ele lhes dará. 17É isto que eu ordeno
a vocês: amem-se uns aos outros.”

PERTENCER A DEUS

"Permaneçam no meu amor",
Porque permanecer é pertencer,
É olhar com os olhares do Senhor,
Deixando a esperança sempre alvorecer.
Acaso teríamos alternativa?
Acaso há outro modo de se viver?
Infeliz é não ser teu conviva;
Vazio seria existir sem te conhecer.
Porque não és apenas palavras encorpadas,
Nem fantasia de uma alma apaixonada,
És luz que brilha a todas as jornadas
E o sentido que conduz a nossa estrada.
Pertencer é assumir o amor,
Abraçá-lo com todas as forças do existir,
Não o soltando nem mesmo quando a dor
Vilipendiar tua luta e fizer-te desistir.
Pertences ao Pai criador,
E nós pertencemos a ti, doador.
Tu que comunicas o estupendo amor,
Nós que recebemos a fonte de divino sabor.
Estar em ti é estar com o Pai,
Assim, a vida não será vento que se esvai,
Mas existir destinado a florescer
Mesmo nos desertos de um mundo sem crer.

SOLENIDADE DA ASCENSÃO DO SENHOR

Marcos 16,15-20

15E lhes disse: “Vão pelo mundo todo, proclamem
o Evangelho a toda criatura. 16Quem acreditar e for ba-
tizado será salvo. Quem não acreditar será condenado.
17São estes os sinais que hão de acompanhar os que ti-
verem acreditado: em meu nome expulsarão demônios;
falarão novas línguas; 18pegarão em serpentes; ainda
que bebam algum veneno mortal, nenhum mal sofre-
rão; imporão as mãos sobre os enfermos, e estes ficarão
curados”. 19Então o Senhor Jesus, depois de ter falado
com eles, foi elevado para o céu e sentou-se à direita
de Deus. 20E eles partiram e pregaram por toda parte.
O Senhor agia com eles e confirmava a Palavra, por
meio dos sinais que a acompanhavam.

O CAMINHO DA SUBIDA

O visível se vai,
Mas o invisível permanece.
O toque agora será interior,
Na alma que a ti eleva uma prece.
Vais-te, mas teu amor continua;
A Palavra é o eterno ensinamento
Que merece ser vivido
Independentemente de qualquer tormento.
Ao ir, também nos convidas a irmos
Não à morada eterna, ao céu,
Mas a trazê-lo aqui para a terra
À medida que tirarmos do amor qualquer véu.
Evangelizar é querer que permaneças,
É uma boa notícia anunciar,
Percebendo que a vida que nos dás
É a alegria que motiva nosso caminhar.
Sobes, visto que te rebaixastes
Servindo e amando a todos.
"Rebaixando-nos" às humildades,
Um dia também subiremos ao divino encontro,
Acolhidos por teu amor eterno.
Ter a esperança de o céu alcançar
É viver mergulhando a vida nos oceanos do amar.

SOLENIDADE DE PENTECOSTES

João 7,37-39

37No último dia da festa, que é o mais solene, Jesus se colocou de pé e disse bem alto: "Se alguém tiver sede, venha a mim e beba. 38É como diz a Escritura: aquele que acredita em mim, 'do seu seio vão jorrar rios de água viva'". 39Jesus falou isso, referindo-se ao Espírito que aqueles que acreditassem nele haveriam de receber. De fato, ainda não havia Espírito, porque Jesus ainda não tinha sido glorificado.

AS VIAS DO ESPÍRITO

Existir é abrir caminhos para a alma,
É permitir que ela passeie livremente,
Sinta as nuances das emoções e do pensar
E assim exista de forma convincente.
Mas essa alma tem uma alma,
Uma realidade íntima e divina
Que a todo ser acalma
E com todos os pensamentos combina.
O Espírito Divino,
Deus vivo em nosso ser,
É a presença que não deixa o coração sozinho,
É a água viva que permite ao nosso jardim florescer
E a razão para a vida no amor acontecer.
Sem o Espírito, a alma vagueia sem sentido,
Passam-se os anos e os tesouros escondidos
são corroídos,
Os dons são limitados pelo estéril egoísmo,
As tristezas parecem ser as únicas marcas
dos anos vividos,
E o grande milagre parece ser a alguém
oferecer um sorriso.
O Espírito Santo é o amanhecer da nossa vida,
É a luz que preenche e orienta as escolhas e os passos,
É a força que sustenta a nossa alma sofrida,
É existir com sentido, e não em meio a embaraços.
Nas vias do Espírito, uma certeza se há de encontrar:
Deus em nossa vida é permitir-se viver sem vacilar.

SOLENIDADES QUE PODEM OCORRER NO DOMINGO

IMACULADA CONCEIÇÃO DE NOSSA SENHORA (8 DE DEZEMBRO)

Lucas 1,26-38

26No sexto mês, o anjo Gabriel foi enviado por Deus
a uma cidade da Galileia chamada Nazaré, 27a uma vir-
gem prometida em casamento a um homem chamado
José, da casa de Davi. E o nome da virgem era Maria.
28Entrando onde ela estava, o anjo lhe disse: “Alegre-se,
cheia de graça: o Senhor está com você!” 29Ao ouvir
isso, Maria ficou confusa e se perguntava o que essa
saudação queria dizer. 30O anjo lhe disse: “Não tenha
medo, Maria, porque você encontrou graça junto de
Deus. 31Eis que você ficará grávida e dará à luz um fi-
lho, e lhe dará o nome de Jesus. 32Ele será grande, será
chamado Filho do Altíssimo. E o Senhor Deus lhe dará
o trono de seu pai, Davi. 33Ele reinará para sempre sobre
a casa de Jacó, e o seu reinado não terá fim”. 34Maria
disse ao anjo: “Como acontecerá isso, se eu não vivo
com nenhum homem?” 35O anjo lhe respondeu: “O Es-
pírito Santo virá sobre você, e o poder do Altíssimo a
cobrirá com sua sombra. Por isso o Santo que nascer
será chamado Filho de Deus. 36Eis que sua parente Isa-
bel também concebeu um filho na sua velhice. E este é
o sexto mês daquela que era chamada estéril. 37Porque
para Deus nada é impossível”. 38Então Maria disse: “Eis
a serva do Senhor. Faça-se em mim como você me dis-
se”. E o anjo a deixou.

UM CORAÇÃO QUE SE OFERECE

És pura de corpo e de alma,
Por isso de ti a Luz do mundo quis resplandecer.
Em ti não há poder, riqueza ou fama,
Apenas um coração disposto a livremente se oferecer.

És imaculada, sem mancha,
És a serva humilde do Senhor,
Que aceita dar à luz uma criança
Mesmo que, para isso, te transpasse uma espada de dor.

Faça-se em ti a vontade do Senhor.
O impossível, a ele, é possível.
Suportarás, evidentemente, dos pecados do mundo a dor,
Para que o amor a todos se torne visível e acessível.

Ofereces-te para que Deus se ofereça;
És instrumento perfeito,
Para que o menino Deus resplandeça
E a humanidade abrace em seu aberto peito.

O amor misericordioso de Deus
Encontra forma no sim generoso de Maria;
É o maior presente a nós oferecer o Filho seu,
O Filho de Deus, luz que ao mundo irradia.

FESTA DA APRESENTAÇÃO DO SENHOR (2 DE FEVEREIRO)

Lucas 2,22-40

[22]E quando se completaram os dias para a purifica-
ção deles, conforme a Lei de Moisés, levaram o menino
a Jerusalém, para apresentá-lo ao Senhor. [23]Tal como
está escrito na Lei do Senhor: "Todo primogênito do
sexo masculino será consagrado ao Senhor". [24]E tam-
bém para oferecer em sacrifício um par de rolas ou dois
pombinhos, como diz a Lei do Senhor.

[25]E eis que havia em Jerusalém um homem chama-
do Simeão. Esse homem justo e piedoso esperava a con-
solação de Israel, e o Espírito Santo estava sobre ele.
[26]O Espírito Santo lhe havia revelado que ele não mor-
reria sem antes ver o Messias do Senhor. [27]Movido pelo
Espírito, ele foi ao Templo. Quando os pais levaram o
menino Jesus para cumprir o costume da Lei a respei-
to dele, [28]Simeão tomou a criança nos braços, louvou a
Deus e disse: [29]"Agora, Senhor, podes deixar teu ser-
vo partir em paz, segundo a tua palavra. [30]Porque meus
olhos viram a tua salvação, [31]que preparaste diante de
todos os povos, [32]luz para iluminar as nações e glória de
teu povo Israel".

[33]Seu pai e sua mãe estavam admirados com o que
diziam dele. [34]Simeão os abençoou e disse a Maria, mãe
do menino: "Eis que este menino será causa de queda e
reerguimento de muitos em Israel. Ele será um sinal de
contradição. [35]Quanto a você, uma espada vai atravessar
sua alma. E assim serão revelados os pensamentos de
muitos corações".

36 Havia também uma profetisa, Ana, filha de Fa-
nuel, da tribo de Aser. Era já bastante idosa. Tinha casa-
do e vivido com o marido por sete anos. 37 Depois ficou
viúva, e assim chegou aos oitenta e quatro anos. Não
se afastava do Templo, servindo a Deus com jejuns e
orações, noite e dia. 38 Ela chegou nessa mesma hora.
Dava graças a Deus e falava do menino a todos os que
esperavam a libertação de Jerusalém.

39 Quando acabaram de cumprir todas as coisas se-
gundo a Lei do Senhor, eles voltaram à Galileia, para
sua cidade de Nazaré. 40 E o menino crescia e ficava forte,
cheio de sabedoria. E a graça de Deus estava sobre ele.

A PERCEPÇÃO DA FÉ

Um coração sincero e dócil
Facilmente te percebe,
Mesmo quando és uma criança indefesa,
Pois a fé tudo esclarece.

Simeão, ao pegar-te nos braços,
Já na velhice, cansado e fatigado,
Sente de Deus o conforto e o abraço,
E a confirmação que tanto havia esperado.

Simeão vai em paz,
Pois a criança prometida chegou,
O Reino de Deus se faz,
A promessa do Senhor se realizou.

Jesus é apresentado no templo;
Agora, crescerá na família de Nazaré,
Tendo Maria e José por alento,
Para o coração do mundo encher de fé.

Cheio de graça e sabedoria, há de crescer,
Sua história à humanidade transformará,
E o nosso coração também há de conhecer
A paz de um Reino que jamais acabará.

SOLENIDADE DA NATIVIDADE DE JOÃO BATISTA (24 DE JUNHO)

Lucas 1,57-66.80

57Quando se completou o tempo de Isabel dar à luz,
ela teve um filho. 58Os vizinhos e parentes ouviram di-
zer que o Senhor havia tido grande misericórdia para
com Isabel, e se alegraram com ela. 59E aconteceu que,
no oitavo dia, foram circuncidar o menino. E queriam
dar-lhe o nome de seu pai, Zacarias. 60Mas a mãe dis-
se: "Não, ele se chamará João". 61Disseram-lhe: "Entre
seus parentes não há ninguém com esse nome". 62E com
gestos perguntaram ao pai que nome queria dar ao filho.
63Ele pediu uma tabuinha e escreveu: "O nome dele é
João". E todos ficaram admirados. 64No mesmo instante,
a boca e a língua dele se soltaram, e ele começou a falar,
louvando a Deus. 65Todos os vizinhos ficaram tomados
de temor, e a notícia se espalhou por toda a região mon-
tanhosa da Judeia. 66E todos os que ouviam essas coisas
as guardavam em seus corações, dizendo: "O que esse
menino vai ser?" E, de fato, a mão do Senhor estava
com ele.

80O menino crescia e se fortalecia em espírito. E vi-
via nos desertos, até o dia em que apareceu em público
a Israel.

A AURORA DO SOL

Antes do sol, a aurora.
Assim é a vida de João:
Prefigura uma vida nova,
Prepara para uma nova missão.

João é o agora da promessa,
É o Reino que irá irromper.
Por isso, não vacila nem tropeça
Aquele que as muralhas do Reino irão erguer.

João se tornará o batista,
Batizará e anunciará a verdade
Que agora se realiza
Com a força de uma tempestade.

Aquele que prepara o caminho da Luz
Sabe da cegueira em que está envolvida
A humanidade que pelas trevas se conduz.

A missão de João
Será retirar as escamas da escuridão
Que envolve toda uma multidão.
Ontem e hoje, a verdade há de incomodar,
Mas quem a ela se faz dócil
Pelas trevas jamais há de caminhar.

SOLENIDADE DE SÃO PEDRO E SÃO PAULO (29 DE JUNHO)

Mateus 16,13-19

13Quando chegou à região de Cesareia de Filipe,
Jesus perguntou a seus discípulos: "Quem as pesso-
as dizem que é o Filho do Homem?" 14Eles disseram:
"Alguns dizem que é João Batista; outros dizem que é
Elias; outros, que é Jeremias ou algum dos profetas".
15Perguntou-lhes, então: "E vocês, quem vocês dizem
que eu sou?" 16Simão Pedro, respondendo, disse: "Tu és
o Messias, o Filho do Deus vivo". 17Jesus lhe respondeu:
"Feliz é você, Simão, filho de Jonas. Porque não foi al-
guém de carne e sangue quem lhe revelou isso, e sim o
meu Pai que está nos céus. 18Eu também lhe digo: você
é Pedro, e sobre esta pedra construirei a minha igreja. E
as portas do inferno não dominarão sobre ela. 19Eu darei
a você as chaves do Reino dos Céus: o que você ligar na
terra será ligado nos céus; o que você desligar na terra
será desligado nos céus".

AS COLUNAS DA IGREJA

Pedro e Paulo, homens diferentes,
Mas que foram atraídos a uma mesma missão:
Continuar a fazer o Reino presente
Através da Igreja, lugar da comunhão.

Pedro, pescador, sujeito cheio de simplicidade,
Coração afoito e impulsivo,
Deixou Jesus tocar a sua humanidade
E, da Igreja, tornou-se pedra e caminho sem desvio.

Paulo, homem da razão,
Exemplo de seguimento da Lei dos judeus.
Cego, foi tocado no coração
E tornou-se arauto do Filho de Deus.

Deus não olha o nosso fazer,
Nem se nos enquadramos numa uniformidade,
Ele nos chama, no nosso jeito de ser,
Para fazer do Reino uma realidade.

Pedro e Paulo, colunas da Igreja,
Diferentes que se complementam em comunhão.
Na unidade, que Cristo tanto almeja,
Em construir um Reino onde todos repartem
o mesmo pão.

FESTA DA TRANSFIGURAÇÃO DO SENHOR (6 DE AGOSTO)

Marcos 9,2-10

2Seis dias depois, Jesus tomou consigo Pedro, Tiago
e João, e os levou sozinhos para um lugar retirado, sobre
uma alta montanha. E aí foi transfigurado diante deles.
3Suas roupas ficaram brilhantes, extremamente brancas,
de uma brancura tal que nenhum lavadeiro sobre a terra
as poderia alvejar. 4E lhes apareceram Elias com Moisés,
que conversavam com Jesus. 5Então Pedro, tomando a
palavra, disse a Jesus: "Mestre, é bom estarmos aqui!
Vamos fazer três tendas: uma para ti, uma para Moisés
e uma para Elias". 6Ele não sabia o que dizer, porque
estavam com muito medo. 7E apareceu então uma nu-
vem, cobrindo-os com sua sombra. E da nuvem surgiu
uma voz: "Este é meu Filho amado. Ouçam-no". 8E de
repente, olhando ao redor, não viram mais ninguém, a
não ser Jesus sozinho com eles.

9Quando desciam da montanha, Jesus ordenou que
eles não contassem a ninguém o que tinham visto, até
que o Filho do Homem tivesse ressuscitado dos mortos.
10Eles guardaram o acontecido para si, perguntando-se o
que significaria "ressuscitar dos mortos".

O RELUZIR DA ESPERANÇA

Ali estava o Transfigurado,
Junto com Moisés e Elias,
Um coração aberto e iluminado
A orientar as nossas vidas.

A Lei e os profetas a ele apontam;
Do alto, o Pai nos dirige o conselho:
Se a ele vocês escutam,
Na terra já hei de começar o meu Reino.

A tua alma é nítida brancura,
É luz pura e envolvente;
A tua Palavra é a cura,
A tua vida, a estrela do Oriente.

Escutar-te é abrir-se à vida,
É alvorecer o existir
À manhã branda e florida
Da primavera que está por vir.

Assumes tua condição de luz
Para irromper à treva que avança;
A tua Palavra é a força que reluz
E nos orienta a um existir de esperança.

SOLENIDADE DA ASSUNÇÃO DE NOSSA SENHORA (15 DE AGOSTO)

Lucas 1,39-56

39Nesses dias, Maria partiu apressadamente para a
região montanhosa, a uma cidade de Judá. 40Entrou na
casa de Zacarias e saudou Isabel. 41Quando Isabel ouviu
a saudação de Maria, o bebê pulou de alegria em seu
ventre. Isabel ficou plena do Espírito Santo 42e excla-
mou com voz forte: "Você é bendita entre as mulheres,
e bendito é o fruto do seu ventre! 43Como mereço que
a mãe do meu Senhor venha me visitar? 44Pois quan-
do a voz de sua saudação chegou aos meus ouvidos, o
bebê pulou de alegria em meu ventre. 45Feliz aquela que
acreditou, porque será cumprido o que lhe foi dito da
parte do Senhor". 46E Maria disse: "Minha alma exalta
o Senhor, 47meu espírito se alegra em Deus, meu Salva-
dor, 48porque olhou para a humilhação de sua serva. Eis
que, de agora em diante, todas as gerações me conside-
rarão feliz, 49pois o Todo-poderoso fez grandes coisas
por mim. Seu nome é santo 50e sua misericórdia perdura
de geração em geração para aqueles que o temem. 51Ele
agiu com a força de seu braço. Dispersou os arrogantes
de coração. 52Derrubou dos tronos os poderosos e exal-
tou os humildes. 53Encheu de bens os famintos e des-
pediu os ricos sem nada. 54Socorreu Israel, seu servo,
lembrando-se de sua misericórdia, 55como tinha dito a
nossos antepassados, em favor de Abraão e de sua des-
cendência, para sempre". 56Maria ficou com Isabel cerca
de três meses, e então voltou para casa.

OS CAMINHOS DE MARIA

Com o Deus menino no ventre,
Com dúvidas e incertezas em sua mente,
Diante de toda a novidade que tinha vivido
E diante da graça única que tinha recebido,
Não te conformas a pensar somente em ti
E às montanhas deseja subir.

Sobes sabendo dos perigos da viagem,
Sabendo das dificuldades que, agora, te perfazem,
Mas queres para Deus viver,
E nenhuma montanha irá te esmorecer.

No menino e no profeta,
Ainda no ventre sendo formados,
A mensagem divina se torna concreta:
Visitou-nos o Deus de nossos antepassados!

Numa Vida, novas viverão,
Numa Palavra, novas vozes ressoarão,
Num sonho, a esperança se faz presente,
Num sim, o mal se torna impotente.

Na humilde serva, Deus se mostra grandioso,
Num coração disponível, a Palavra se torna vitoriosa,
Na graça e no amor do Senhor misericordioso,
Agora sobes ao céu, qual mulher gloriosa.

Antecipas o nosso destino
E mostras como a ele devemos chegar:
Sendo atentos à voz de um Deus que se fez menino,
Que, em nossa vida, novas cores deseja pintar.

FESTA DA EXALTAÇÃO DA SANTA CRUZ (14 DE SETEMBRO)

João 3,13-17

13“E ninguém subiu ao céu, a não ser aquele que
desceu do céu: o Filho do Homem. 14E da mesma for-
ma que Moisés levantou a serpente no deserto, assim
também é preciso que o Filho do Homem seja levanta-
do, 15para que todo aquele que nele acreditar tenha vida
eterna. 16Pois Deus amou tanto o mundo que deu o seu
Filho único, para que não morra quem nele acredita,
mas tenha vida eterna. 17Porque Deus não enviou o seu
Filho ao mundo para condenar o mundo, mas para que o
mundo seja salvo por meio dele.”

O INSTRUMENTO DO AMOR

Um instrumento de dor,
De morte e abandono
Torna-se o maior símbolo do amor,
Onde Deus faz o seu trono.

É no alto de uma cruz,
Banhado de sangue e sofrimentos,
Que se entrega a nós Jesus,
De braços abertos, sob cravos cruentos.

O gesto desse Senhor
Que se diz Rei, mas ao mundo parece um derrotado,
É o gesto de quem, por onde for,
Ama e serve de livre agrado.

A cruz é a haste da vida,
Marcada pela morte
Que, na esperança, se recria
E na eternidade encontra suporte.

Quem ama sustenta uma cruz
Não porque deseja sofrer,
Mas por entender que uma vida de luz
É, no abandono da noite, deixar o brilho
do amor alvorecer.

SOLENIDADE DE NOSSA SENHORA DA CONCEIÇÃO APARECIDA (12 DE OUTUBRO)

João 2,1-11

1 Três dias depois, houve um casamento em Caná da
Galileia, e aí estava a mãe de Jesus. 2 Também Jesus foi
convidado para o casamento, junto com seus discípulos.
3 Faltou vinho, e a mãe de Jesus lhe disse: "Eles não têm
mais vinho!" 4 Jesus respondeu: "Mulher, que temos a
ver com isso? Minha hora ainda não chegou". 5 A mãe
de Jesus disse aos que estavam servindo: "Façam tudo o
que ele disser". 6 Tinham sido deixados aí seis jarros de
pedra, com cerca de cem litros cada um, e que serviam
para as purificações que os judeus costumavam fazer.
7 Jesus disse aos que serviam: "Encham esses jarros com
água". Eles os encheram até a borda. 8 Depois, Jesus dis-
se: "Agora tirem e levem ao chefe da cerimônia". Eles
assim o fizeram. 9 Quando o chefe provou da água trans-
formada em vinho, sem saber de onde vinha (os serven-
tes sabiam, pois foram eles que tiraram a água), chamou
o noivo 10 e disse: "Qualquer um serve primeiro o vinho
bom e, quando os convidados já estão embriagados, aí
serve o menos bom. Você, porém, guardou o vinho bom
até agora". 11 Este foi o princípio dos sinais, e Jesus o
fez em Caná da Galileia. Manifestou a sua glória, e seus
discípulos acreditaram nele.

OS CUIDADOS DA APARECIDA

Nas águas do Paraíba,
Quebrada, pesca-se uma imagem
Humilde, de barro; é a Aparecida,
Que, de Deus, traz-nos uma mensagem.

Seja no Brasil,
Seja nas bodas, em Caná,
A Mãe, com seu espírito servil,
Seu Filho sempre nos dá.

Joguem as redes para pescar,
Façam tudo o que meu Filho disser,
O alimento não há de faltar,
A fome e a tristeza não são o que ele quer.

A Mãe aparece com singeleza,
Seus traços expressam a humildade,
E também a verdadeira riqueza
De quem tem por meta a eternidade.

De seu povo a Mãe cuida e protege,
Revela o seu Filho, Jesus,
A vida que jamais escurece,
A esperança que sempre reluz.

SOLENIDADE DE TODOS OS SANTOS (1º DE NOVEMBRO)

Mateus 5,1-12a

[1]Vendo as multidões, Jesus subiu à montanha, sen-
tou-se, e seus discípulos se aproximaram dele. [2]E, abrin-
do a boca, ele os ensinava, dizendo: [3]"Felizes os pobres
no Espírito, porque deles é o Reino dos Céus. [4]Felizes
os que choram, porque serão consolados. [5]Felizes os
mansos, porque herdarão a terra. [6]Felizes os que têm
fome e sede da justiça, porque serão saciados. [7]Felizes
os misericordiosos, porque encontrarão misericórdia.
[8]Felizes os puros no coração, porque verão a Deus. [9]Fe-
lizes os que promovem a paz, porque serão chamados fi-
lhos de Deus. [10]Felizes os perseguidos por causa da jus-
tiça, porque deles é o Reino dos Céus. [11]Felizes vocês,
quando por minha causa os insultarem, perseguirem e,
mentindo, disserem todo tipo de mal contra vocês. [12]Fi-
quem contentes e alegres, pois grande é a recompensa
de vocês nos céus.

A FELICIDADE DOS SANTOS

Ensinas do alto de um monte,
Indicando o destino e o fim de todo ensinamento:
Lá, onde a terra parece tocar o céu,
Onde Deus e homem se encontram,
De lá saem as palavras que descrevem os santos,
Pois é a partir de lá que estes a Deus abraçam.
No alto de uma colina,
Banhada pelo verde da esperança
E iluminada pelo azul de um céu em bonança,
A singela essência da santidade ressoa,
Qual canto de pássaros após a garoa.
Falas da vida com elementos desta,
Preenche-a com aquilo que ela já tem em mãos:
O sentido que aproxima,
A razão que ilumina,
A vida que dignifica,
A diferença que ao eu sempre comunica.
Tudo isso está em nossas mãos,
E é a partir daí, do mundo que nos dás,
Que subiremos a colina para o céu alcançar.
Felizes, bem-aventurados são os santos,
Pois uniram terra e céu
E encontram, da vida, o maior dos encantos:
Viver junto ao Deus simples, puro e sem véu.

COMEMORAÇÃO DOS FIÉIS DEFUNTOS (2 DE NOVEMBRO)

Marcos 15,33-39

33 Do meio-dia até as três horas da tarde, houve escuridão sobre toda a terra. 34 Às três da tarde, Jesus deu um grande grito: "Eloi, Eloi, lamá sabactani", que traduzido significa: "Meu Deus, meu Deus, por que me abandonaste?" 35 Alguns dos que estavam aí, ao ouvirem isso, diziam: "Veja! Ele está chamando Elias". 36 Um deles correu para ensopar uma esponja em vinagre e, prendendo-a numa vara, deu-lhe de beber, dizendo: "Deixem! Vamos ver se Elias vem descê-lo". 37 Então Jesus, dando um grande grito, expirou. 38 E o véu do Santuário foi rasgado em dois, de alto a baixo. 39 O centurião que estava diante de Jesus, vendo-o expirar desse modo, disse: "Realmente este homem era Filho de Deus!"

O MISTÉRIO DE UMA PASSAGEM

O maior mistério da vida é aquilo que a opõe,
O mistério do ser é o não ser,
O medo é aquilo que, sem querer, se impõe,
E diante disso não se há o que fazer.

A morte é o não ser do existir,
É o mistério que nos assombra,
A inquietação ordinária do nosso porvir,
A penumbra cálida de uma sombra.

Porém, mesmo que diante dela não se tenha segurança,
Quis o Autor da vida por ela passar,
Para dizer que, diante dela, há a esperança
De que uma vida ainda mais plena irá brotar.

Do nada, Deus criou o tudo,
Da morte, ele pode tirar a vida.
O desespero não é o absoluto;
O existir não está condenado a uma terra fria.

O Filho de Deus abraça a morte no alto da cruz,
Enfrenta sem pestanejar o sofrimento,
Pois sabe que, depois da noite, vem a luz.
Após a morte, a vida continua,
e não será só por um momento.

FESTA DA DEDICAÇÃO DA BASÍLICA DE LATRÃO (9 DE NOVEMBRO)

João 2,13-22

13A Páscoa dos judeus estava próxima, e Jesus su-
biu para Jerusalém. 14No templo, Jesus encontrou os
vendedores de bois, ovelhas e pombas, e os cambistas
sentados. 15Fez então um chicote de cordas e expulsou
todos do templo, e também as ovelhas e os bois; es-
palhou as moedas e virou as mesas dos cambistas. 16E
disse aos que vendiam pombas: “Tirem isso daqui! Não
façam da casa de meu Pai uma casa de negócios”. 17Seus
discípulos se lembraram do que está escrito: “O zelo
pela tua casa me consumirá”. 18Os judeus responderam,
dizendo a Jesus: “Que sinal nos mostras para fazeres
tais coisas?” 19Jesus respondeu, dizendo-lhes: “Destru-
am esse santuário, e em três dias eu o levantarei”. 20Os
judeus então disseram: “Há quarenta e seis anos vem
sendo construído este santuário, e tu o levantarás em
três dias?” 21Jesus porém falava do santuário do seu cor-
po. 22Quando ele foi ressuscitado dentre os mortos, seus
discípulos se lembraram do que ele havia dito, e creram
na Escritura e na palavra que Jesus tinha dito.

O SENTIDO DO TEMPLO

Existir é peregrinar,
É não fazer daqui uma fixa morada,
Não permitindo ao material se apegar,
Para não se estagnar nesta jornada.

O templo não é ponto de chegada,
Mas um lugar de saída.
De lá, vai-se ao encontro
Daquele que sofre em sua vida.

O templo de pedra reúne a Igreja viva.
Aquele pode ser destruído,
Mas esta permanece altiva
À medida que seus membros, por Deus, são nutridos.

O local da reunião deve ser preservado;
Lá, a fraternidade e a vida acontecem.
O Verbo é pregado e semeado
Na esperança de um existir que floresce.

Seja no templo de pedra ou no templo do coração,
Que neles Deus se faça morada,
A vida se faça oração
E a fé brilhe em nossa jornada.

SUMÁRIO

CICLO DA PÁSCOA: TEMPO DA QUARESMA E TEMPO DA PÁSCOA

SOLENIDADES QUE PODEM OCORRER NO DOMINGO